W0395837

Éditions du Moment
15, rue Condorcet
75009 Paris
www.editionsdumoment.com

Tous les droits de traduction, de reproduction et d'adaptation
réservés pour tout pays.

© *Éditions du Moment, 2016*

Le roi David Guetta

Pierre Pernez

Le roi David Guetta

Préface de Bruno Guillon

ÉDITIONS DU MOMENT

PRÉFACE DE BRUNO GUILLON[1]

J'ai eu la chance de rencontrer David à ses débuts. C'est une personne que j'aime beaucoup. Il a cette particularité que seuls les grands possèdent : il n'a pas changé malgré toutes ces années. Il n'oublie pas d'où il vient et, du coup, il sait où il va. Il est devenu le plus grand disc-jockey de la planète et, incontestablement, l'artiste français qui s'exporte le mieux à l'étranger. Avoir un jet privé avec son nom inscrit sur la carlingue pourrait déconnecter de la réalité n'importe quel homme, quel qu'il soit. Mais, pas lui… Il a gardé cette bonhomie, cette sympathie et ce naturel, qui font son charme.

Mon premier échange avec David remonte à l'époque où il travaillait encore aux Bains Douches avec Cathy. Je venais d'arriver à Paris. Je me souviens aussi de l'avoir reçu

1. Animateur de radio et de télévision.

sur NRJ, pour la sortie de son premier titre. C'était une personne introvertie et très accessible, pas du genre à frimer et à s'imposer : « *C'est moi David Guetta !* »

L'été dernier, j'ai fait une émission de radio en direct d'Ibiza, dans laquelle David est intervenu. Lorsqu'il a su que c'était mon anniversaire, il m'a dit : « *Viens au Pacha, tu es le bienvenu !* » Je n'étais jamais allé à Ibiza ; j'avais entendu parler des soirées F*** I'm Famous des Guetta mais sans jamais y avoir mis les pieds. J'arrive donc au Pacha. Entre la porte d'entrée de la boîte et l'accès à la cabine du disc-jockey, il doit y avoir soixante mètres. Mais, c'était tellement blindé de monde que j'ai dû mettre une heure pour y accéder. J'avais envoyé un texto à son bras droit, celui qui s'occupe de lui depuis ses débuts, une personne fidèle et professionnelle. Il m'a fait entrer dans la cabine ; David me parlait tout en faisant son set. Nous avons discuté ensemble pendant cinq bonnes minutes derrière les platines. En sortant, les gens me laissaient passer comme si j'avais parlé à Jésus-Christ. Cela m'a beaucoup fait rire, je me suis senti tel Moïse : la mer s'ouvrait devant moi. Tant que l'on n'a pas vu un show de David Guetta, on ne peut réaliser combien il est un dieu vivant pour son public.

Certains de ses détracteurs disent que lors de ses spectacles, David se contente de passer une compilation et de lever les mains, mais ce n'est pas le cas : c'est un vrai disc-jockey. Le Pacha est une très grande salle et, à certains endroits, on ne voit pas le disc-jockey. Aussi, on a installé des écrans où sont diffusées des images de la cabine. David en train de mixer, retransmis sur toute la boîte... Il faut vraiment le voir, c'est un truc de dingue ! Les gens sont en transe ; il communie avec son public qui semble possédé. J'ai vu des disc-jockeys mixer, et pas des moindres. Mais lui, il possède quelque chose de fou, de charnel. Il a une véritable intimité avec son public...

Quand je le reçois dans mon émission, il sait que c'est toujours avec bienveillance ; j'ai la faiblesse de croire que c'est avec plaisir qu'il vient « faire l'idiot » chez nous. Chaque fois qu'il est passé dans la matinale de Fun Radio, il a balancé des informations exclusives. Par exemple, il a annoncé qu'il allait faire l'hymne de l'euro de football 2016 ; l'info a ensuite été reprise par tout le monde. Il nous avait aussi raconté que ses enfants hallucinaient qu'il pût connaître Norman.

David est une personne très humaine, je l'apprécie beaucoup. C'est vraiment un excellent camarade. J'adore son titre *When Love Takes Over*. Quand je l'écoute, les yeux fermés, mon esprit voyage au soleil, sur la plage, un mojito à la main.

Aujourd'hui, des milliers de mômes demandent pour Noël du matériel pour devenir disc-jockey. Cette vocation vient de David Guetta. C'est lui qui a créé le concept de « DJ Star ». Il suffit de le voir ne serait-ce qu'une fois sur scène pour prendre conscience de son aura. On se croirait dans une grande messe où David serait le pape de l'electro.

Amen.

INTRODUCTION

David Guetta, le « Cloclo des DJ »

Que l'on soit âgé de dix, trente, cinquante ans ou plus, on connaît tous David Guetta, le disc-jockey le plus célèbre du monde, mais aussi la référence absolue en matière de *clubbing*. Il enflamme les pistes de danse par ses « mix » endiablés. C'est également un producteur de talent et l'artiste français qui a vendu le plus de disques dans le monde. En effet, David Guetta a écoulé plus de 10 millions d'albums et plus de 35 millions de singles. Multipliant les récompenses à travers la planète : grand prix Sacem à l'étranger, NRJ Music Awards, Grammy Awards. Il est impossible d'écouter les radios les plus branchées sans entendre un de ses titres ; ni d'aller en boîte de nuit sans se déchaîner sur un de ses succès ! En peu de temps, sa musique s'est imposée dans le monde entier.

David Guetta est tout simplement le « Cloclo » des temps modernes : il a une énergie débordante, un sens inné de la musique et une capacité à repérer, avec un talent inédit, les futurs succès mondiaux. C'est un artiste véritable, avant-gardiste et révolutionnaire, qui a su populariser, avec intelligence, la musique électronique. Un visionnaire hors pair ! David est aussi un personnage attachant, doté d'une âme sensible, un émotif doué d'une intelligence artistique rare, qui lui permet d'intégrer de grandes stars américaines à ses chansons, se hissant ainsi au sommet des classements au pays d'Elvis Presley. Sa réussite exceptionnelle, il la doit tout simplement à son travail et aux conseils de sa femme, Cathy, qui l'a accompagné pendant plus de vingt ans. Né le 7 novembre 1967, David a débuté comme disc-jockey à l'âge de dix-sept ans. Il dirigea ensuite le Bataclan, puis le Palace et enfin Les Bains Douches. Boulimique de travail et voulant dépasser les frontières de la simple gérance de discothèques, il décide d'organiser des soirées dans différentes grandes villes et commence à parcourir l'Europe avec sa femme Cathy. Parallèlement, il enchaîne les tubes, dont le remix d'un titre de David Bowie, *Heroes*, et signe la bande originale du film *People Jet Set 2*. En 2007, son album *Pop Life* connaît un succès international, les ventes grimpent à plus de 530 000 exemplaires dans le monde.

Le single *Sexy Bitch* se vend, lui, à plus de 2,3 millions d'exemplaires. Le succès est colossal !

Suprême reconnaissance : David Guetta est choisi pour composer l'hymne officiel du championnat d'Europe de football 2016, dont la France est le pays d'accueil.

David est cependant un artiste très contesté dans l'univers de la musique électronique. Les puristes du genre trouvent son style trop commercial : ils ne lui reconnaissent aucun talent, préférant écouter chez eux, en catimini, leurs musiques électroniques minimalistes… que personne n'achète. David, frustré par ce rejet, a dit : « *Je fais de la house music vocale emplie d'émotions, à l'opposé de cette techno minimale sans âme*[1] *!* »

D'autres détracteurs soulignent qu'il n'est ni l'auteur ni le compositeur de beaucoup de ses titres, écrits en effet par d'autres disc-jockeys/producteurs tels que Joachim Garraud, Sandy Vee ou Fred Rister. David ne baisse pas le rideau sur ce sujet : « *Je n'ai jamais caché mes collaborations, je ne comprends pas que ça se retourne contre moi. Ça, c'est la France, je suis numéro un aux États-Unis, et c'est tout ce qu'on trouve à me dire !… Toutes ces questions sur ma musique, ces ragots qui disent que je n'en suis pas l'auteur, je suis sûr que ça n'intéresse personne*[2]. » En réalité, ses productions sont l'œuvre créative d'une équipe de plusieurs collaborateurs,

1. *Le Monde.*
2. *lemonde.fr*, 15 janvier 2010.

compositeurs, auteurs et arrangeurs. David en est le ciment, il leur a ouvert la voie d'un succès qu'ils n'auraient sans doute jamais connu sans lui. Excellent réalisateur, il sait construire une chanson et l'amener à son potentiel maximal. Tout le monde n'a pas la capacité de donner vie à un titre, une mélodie, un texte, un chant, et de l'arranger pour que cela fasse un carton dans le monde entier. Il faut avoir du génie, connaître la recette magique, être un faiseur de tubes ! Les spectacles de David sont grandioses… Une soirée se négocie autour de 40 000 euros ! De quoi susciter la jalousie… Les critiques négatives sur David ont commencé à fuser lorsque ses premiers titres, en 2002, lui ont apporté une renommée internationale. « *That's show business !* » Plus on est adulé, plus on est décrié par une certaine presse qui, après vous avoir traîné dans la boue, vous porte aux nues. David est cependant estimé par les plus grands artistes internationaux. Ils ont tous, immédiatement, répondu présent afin de témoigner dans cette biographie sur celui qu'ils considèrent comme le roi de la musique électronique. Des disc-jockeys reconnus, des personnalités du monde de la radio et de la nuit nous ont confié leur vision du phénomène Guetta. Ce cocktail étonnant de déclarations, de révélations surprenantes, d'anecdotes émouvantes, vous aidera à mieux comprendre qui il est. Entrez avec délectation dans cette biographie de David Guetta, nouvelle « idole des jeunes ».

Son compte Facebook est suivi par plus de 55 millions de fans, il est le disc-jockey qui a obtenu le plus grand nombre de mentions « J'aime » sur ce réseau social d'après l'étude réalisée par *DJ Magazine* à la fin de l'année 2015.

Le roi David est devenu le roi du monde.

I

LA NAISSANCE D'UN ROI

1967. *Cette année-là*, comme chantait Claude François, le général de Gaulle visite la Pologne, l'Anpe voit le jour, le service militaire est réduit à douze mois, la France remporte le Tournoi des cinq nations. La littérature se porte bien, surtout avec André Malraux dont les *Antimémoires* sont un best-seller. À la télévision, la deuxième chaîne diffuse le premier programme en couleur, alors que Claude François enregistre la chanson *Comme d'habitude*, qui, adaptée en anglais sous le nom de *My Way*, fera le tour du monde. La même année, le 7 novembre, à Boulogne-Billancourt, le petit David Pierre Guetta arrive sans casque sur la tête ni platines entre les mains, mais emplit de joie ses parents, Monique et Pierre, ivres de bonheur.

Le petit garçon est né sous le signe du Scorpion, avec un ascendant Scorpion. Rencontré pour la rédaction de ce livre, l'astrologue Michaël Delmar nous explique : « *Scorpion ascendant Scorpion est une combinaison astrale qui met en relief un magnétisme exceptionnel. Ce magnétisme s'exprime en musique, mais il aurait pu se décliner en tableaux ou sculptures qui auraient aussi connu un succès planétaire. Vénus, planète de la musique, est en Vierge, position assez pudique qui signe des artistes réservés, tantôt conventionnels, tantôt débridés, puisque la Vierge oscille entre sagesse et folie. Cette Vénus, bien soutenue par Pluton, Uranus et Jupiter, donne à la création de David Guetta un aspect novateur, technologique, presque extraterrestre. Uranus souligne l'aspect branché de ses compositions, et Jupiter l'écho international qu'elles ont reçues. »*

Son thème le décrit comme un garçon introverti, rétif au contact, un rêveur solitaire qui vit dans sa bulle – et filtre ses connexions avec l'extérieur. Pas évident d'approcher David Guetta, il se protège au maximum, il n'aime rien tant que rester chez lui, dans sa chambre ou dans son studio, et se détendre en famille. N'en déduisez pas qu'il mène une existence de moine. Comme souvent chez le Scorpion, l'érotisme joue un rôle important, et l'amour, l'affectif, dominent tout. Il n'y a qu'à voir Cathy, sa femme, ses perruques multicolores et ses looks délirants, pour comprendre que David accorde une place importante au fantasme ! La nuit est l'espace de création privilégié de leur couple, ce qui permet ensuite à David de s'évader en musique.

Sa carte du ciel est lumineuse : les astres ont entouré son berceau afin de l'emmener sur le plus beau chemin artistique. Mais que signifie le prénom David ? Il symbolise le courage du petit roi de la Bible qui réussit l'exploit, apparemment impossible, de triompher du géant Goliath.

En général, les David sont d'une humeur plaisante et sympathique. Déterminés comme personne, ils savent pertinemment ce qu'ils recherchent et ce qu'ils désirent. Ils sont aussi dotés d'une grande force de persuasion. Leurs aspirations, leurs rêves sont souvent grandioses. Avec toutes ces qualités, le roi David Guetta ne peut que trouver une place de choix sur cette terre. David a été élevé dans le catholicisme, la religion de sa mère. Mais son père est juif, David est sans doute un peu juif dans l'âme.

Monique et Pierre Guetta, les parents

Sa maman est née en Belgique à la veille de la Seconde Guerre mondiale, fille d'un avocat et d'une mère au foyer qui divorcent lorsqu'elle a huit ans. Pour Monique commence une longue errance. À cette époque, à la fin des années 1940, son père voyage au Proche-Orient comme observateur de l'ONU alors que sa mère réside au Congo belge. Ne pouvant vraiment pas s'occuper de Monique, ils la placent dans des écoles religieuses catholiques. La fillette étouffe au milieu des sœurs dans l'atmosphère confinée des couvents. Heureusement, les livres la sauvent, surtout ceux d'Arthur Rimbaud dont elle dévore les poèmes. À dix-huit ans, elle fuit le couvent en épousant un cybernéticien du nom de Jacques Vidal.

De ce mariage, qui bat de l'aile, naîtront Dominique et Joëlle. Après des études supérieures à l'université de philosophie de Liège, Monique quitte la Belgique. Où trouver refuge ? La jeune femme hésite entre la France et l'Italie ; le choix est difficile… Alors, avec une pièce, elle joue son destin à pile ou face : la pièce tombe sur « pile », la France ! Monique se rend au pays de Molière et de tous les auteurs qui ont bercé son enfance et son adolescence. Emerveillée, elle découvre Paris, la « Ville lumière », au temps des copains, ces yéyés qui, tels Eddy Mitchell et Johnny Hallyday, ont importé d'outre-Atlantique le rock'n'roll d'Elvis Presley et d'Eddie Cochran, alors que Charles Aznavour chante *La Bohême.* Ayant passé un doctorat de psychologie, Monique devient psychanalyste. Elle souhaite alors tourner au plus vite la page de son premier mariage. Ce sera chose faite avec Pierre Guetta, un sociologue qu'elle épouse sur un coup de foudre. Pierre sera le père de David. Pierre Guetta est un juif marocain originaire de Tétouan, ville qui fut détruite par les Espagnols en 1399, puis reconstruite à la fin du 15e siècle grâce à l'arrivée de Juifs et de musulmans fuyant l'Inquisition. La communauté juive de la ville avait la particularité d'être entièrement séfarade et hispanophone. Avec l'indépendance du Maroc, Tétouan devient marocaine. De nombreux juifs optent pour le départ, notamment en direction de Ceuta et de Melilla restées sous contrôle espagnol. Le recensement de 1960 fait apparaître la présence de trois mille cent trois juifs à Tétouan. Une nouvelle vague d'émigration se développe après la guerre des Six Jours, cette fois vers Israël. Il reste environ mille juifs à Tétouan en 1968. Au début des années 1990, on ne comptait guère plus de deux cents juifs à Tétouan. Devenue docteure en psychologie clinique, Monique enseigne à l'Ensci (École nationale supérieure de création industrielle) et à l'Institut catholique de Paris où elle initie les élèves à des travaux d'expressions corporelles ; faisant même danser, sur des rythmes africains, des futurs prêtres et bonnes sœurs. Impressionnant ! En 2011, elle publiera son premier recueil de poèmes, intitulé *Abécédaire*, aux éditions Persée.

Dans les années 1970, Monique Guetta possédait une maison de village à La Garde-Freinet, elle venait avec ses trois enfants s'y reposer l'été. Elle se souvient du petit David, vif, intelligent et plein d'humour :

« *Je revois encore David dévaler la rue sur une planche à roulettes de sa fabrication, ce que l'on appelle aujourd'hui un skate-board.* [...] *J'ai élevé mes enfants dans le respect total de leur liberté. Quand David était petit, mon rôle essentiel d'éducatrice était de ne pas l'abîmer. Aujourd'hui, il est allé au bout de sa passion. Bébé, il prenait le casque audio et faisait bouger le disque sur notre platine ! J'ai la photo qui en atteste. Je crois qu'il l'a rendue publique, d'ailleurs.* [...] *Ce n'est pas à moi de témoigner du merveilleux enfant qu'il a été.* [...] *Il était en particulier chef scout... Je comprends qu'il n'ait pas envie que l'on apprenne certaines choses. Moi, je suis dans une utopie, les codes sont différents dans son métier.* [...] *C'est merveilleux pour danser ! Il dit toujours que son ambition est de produire une musique de fête, il est effectivement très doué pour cela*[1]. »

Néanmoins, après le succès phénoménal de son fils, la maman de David n'ira jamais le voir sur scène. Elle déclarera avoir horreur du tabac et de la foule : « *Comme disent certains, dès que l'on est plus de dix, on est une bande d'idiots.*[2] » Elle craint aussi les décibels et préfère, chaque matin, jouer le premier Prélude de Bach bien qu'elle concède être une très mauvaise pianiste.

En 2015, elle déclarera à *Ouest-France* : « *Je n'ai jamais été à un concert de David. Et lui ne vient pas me voir non plus, il n'a pas le temps à cause du travail.* [...] *Les musiques*

1. Propos recueillis par Laurent Amalric, *Nice-Matin*, 17 juin 2012.
2. Interview donnée à *Nice-Matin* le 17 juin 2012.

de David ? J'ai eu du mal à écouter au début. Mais dernièrement, je trouve qu'il s'améliore. Ses musiques sont plus habitées, ont plus de passion qu'avant[1]. »

David a-t-il souffert du manque d'intérêt de sa mère pour sa musique ? Il ne le dira jamais ouvertement mais il le sous-entend : « *Mes parents ne sont jamais venus me voir en concert. La dance, la house, ce n'est pas du tout leur vie. Cela dit, quand j'ai décidé d'arrêter les affaires pour devenir artiste à plein-temps, ma mère, qui est très à gauche, s'est exclamée : "Je suis enfin fière de toi !" Nous sommes tous des passionnés dans la famille. Les autres le sont de philosophie, d'art, de littérature. Ce sont des gens curieux, dans les deux sens du terme. Mon frère Bernard, le journaliste, est passionné de politique étrangère.* »

Bernard Guetta, de seize ans l'aîné de David, est issu du premier mariage de leur père. Lauréat du prestigieux prix Albert-Londres en 1981, éditorialiste chaque matin à 8 heures 17 sur France Inter (*Géopolitique*), il écrit également dans *Libération*, après avoir longtemps été correspondant à l'étranger. Célèbre lui aussi dans son domaine, il n'est cependant pas proche de David. Dans une interview pour l'émission *Envoyé spécial*, sur France 2, Bernard Guetta déclara en parlant de la vie de son jeune frère : « *Pour moi, c'est de la physique nucléaire, c'est un autre*

1. « Monique Guetta, mère de David, philosophe, poète », *Ouest-France*, 14 octobre 2015.

monde que le mien, je suppose que quand je parle du Kazakhstan ou même de la construction de l'Union européenne, c'est aussi assez étrange pour David. Il faut de tout pour faire un monde, et même une famille[1]. »

Il ajoute : « *On se voit lors des fêtes familiales. Mais David vit entre deux avions, c'est donc difficile de le voir ! On parle essentiellement de la famille, de ses enfants et des miens. Je ne l'ai jamais vu en concert. Mes enfants m'ont expliqué ce qu'il faisait, car j'avais un peu de mal à comprendre ! Je ne connais pas sa musique. David dit : "Entre mon frère et moi, c'est le jour et la nuit." Cela illustre bien notre dichotomie*[2] ! »

Du côté de son père, David a aussi une demi-sœur, Nathalie Guetta, une belle actrice italienne, qui joue le rôle de Natalina dans la série policière *Don Matteo*.

Du côté maternel, il avait un demi-frère, Dominique, décédé en 2004 des suites d'une septicémie foudroyante, après avoir vécu avec les Indiens en Oregon. Sa demi-sœur, Joëlle, est médecin en Californie.

Entre mère et père

Est-ce une malédiction ? Monique est à nouveau malheureuse en ménage. Le souffle des disputes provoque alors la

1. *Envoyé spécial*, France 2.
2. « Bernard Guetta, la "voix" de la géopolitique », *Var-Matin*, 29 décembre 2012.

séparation d'avec Pierre Guetta. Comme la plupart des enfants de divorcés, David va vivre avec sa mère. Dès l'âge de huit ans, il passera son temps libre dans un petit local, sans fenêtre, situé dans un immeuble du 12e arrondissement de Paris, que son père loue à des groupes de rockers amateurs pour leurs répétitions. David est subjugué par leur musique, ses yeux brillent en observant ces jeunes musiciens qui, il ne le sait pas encore, vont devenir des grands noms du rock.

« *J'étais dans la cave de l'appartement de mes parents,* se souvient David. *Et dans cette cave, quand j'avais huit ou dix ans, deux groupes répétaient. L'un était Taxi Girl et l'autre Téléphone. Avant même le début de leurs carrières. Quand j'étais petit, je les voyais régulièrement. D'ailleurs j'ai revu Jean-Louis Aubert, de Téléphone, plusieurs fois et il m'a répété : "Nan, mais ce n'est pas possible, ce n'était pas toi, ce n'est pas vrai." Mon père avait un tout petit restaurant de quartier, il a passé une annonce dans un journal et il a eu plein de réponses. Il a choisi trois groupes et les trois groupes ont eu du succès (le troisième s'appelait Chantier). Deux ont marqué l'histoire de la musique française. C'est incroyable*[1]. » David rêve d'imiter les grands. À onze ans seulement, il se met à fumer. Mais il est encore un tout petit garçon : « *Je*

1. *Sortez du cadre*, Nikos Aliagas, Europe 1, 12 décembre 2015.

n'étais jamais allé dans une boîte de nuit. Je n'avais jamais vu un vrai DJ, il a fallu que je comprenne tout seul comment ça marche, ce qui n'est pas du tout évident. Et comme je n'avais pas assez d'argent pour m'acheter deux platines, je m'entraînais et je mixais avec ce qui passait à la radio, plus un disque. Mais je ne pouvais pas faire comme un vrai DJ[1]. »

À quatorze ans, comme l'autorise la loi pour les enfants de divorcés, David choisit d'aller vivre chez son père. Fasciné par l'univers des disc-jockeys, il transforme sa chambre d'adolescent en discothèque, en y installant une platine et une table de mixage achetés avec toutes ses économies. Pendant des heures, il enchaîne les titres dans des mix absolus, avec le volume au maximum. Pour David, c'est trop cool, mais son père trouve la situation insupportable.

Peu importe, David n'a qu'une idée en tête, devenir DJ, à la grande déception de ses parents qui avaient espéré, pour leur fils, un avenir plus brillant.

Dans une interview pour *La Tribune de Genève*, il dira : « *À l'époque de mes rêves d'ado, il était impossible d'imaginer que les DJ allaient entrer dans le star-system… C'était le pire métier, sans considération ni revenus. Pour mes parents, c'était la fin du monde !* »

---

1. *Envoyé Spécial*, France 2.

Dans une interview donnée à Radio FG, en 2010, il raconte ses débuts : « *J'avais treize ans et, tous les jours, quand je rentrais de l'école, je m'entraînais à mixer. Mais c'était une époque très différente, c'était avant que la house music n'existe, et à l'époque il n'y avait ni argent ni célébrité pour aucun DJ, donc ce n'était qu'une passion... Je voulais pouvoir vivre de cette passion ; mon ambition, c'était juste d'être un DJ résident dans un club*[1]. »

David est un chef d'orchestre dans l'âme. Très vite, il organise de petites soirées privées dans sa cave. Il invite ses copains et copines de l'école, en leur faisant payer l'entrée, 10 francs à l'époque.

L'apprenti disc-jockey est obsédé par l'idée de devenir professionnel et l'explique à sa professeure de maths qui convoque ses parents. « *Votre enfant a un problème, il veut être DJ. Je ne comprends pas ce qui peut l'intéresser là-dedans !* » Les parents sont désespérés.

Une ancienne camarade du lycée Maurice Ravel à Paris, Valérie Schenck, témoigne en 2015 de cette obsession pour la musique, au-delà de tout : « *En seconde avec lui, je me souviens d'un garçon extrêmement gentil, bien élevé et respectueux envers les filles ; ce qui n'était pas forcément le cas des*

1. *La Tribune de Genève*, 7 août 2009.

gars de notre âge. On parlait déjà des fêtes qu'il devait organiser, mais je vous avoue que je n'y suis jamais allée, j'écoutais déjà du hard rock et ce n'était pas trop sa tasse de thé. Du coup, je ne l'ai jamais fréquenté à l'extérieur du lycée. Il ne me semble pas qu'il était un élève très assidu, du style premier de la classe. Après, il est parti, je ne me souviens pas l'avoir vu en terminale au lycée. »

Après le bac, David se lance dans des études de droit à l'université de Paris-Ouest-Nanterre-La Défense. Créée en 1964, cette faculté a vu passer son lot de futures personnalités, tels le chroniqueur Guy Carlier… la chanteuse Jeanne Mas, auteur du tube *En Rouge et Noir*, qui y a appris l'espagnol et l'italien… et le facteur le plus célèbre de France, candidat à la présidentielle pour le Nouveau Parti anticapitaliste, Olivier Besancenot… sans oublier Nicolas Sarkozy qui y a obtenu sa maîtrise de droit privé. Loin de ces ambitions trop terre à terre, le jeune David préfère se concentrer sur son ascension dans le monde fermé du *clubbing*.

II

DJ

Les débuts d'un jeune disc-jockey

Ah ! les *eighties* ! La rivalité bat son plein entre Prince et Michaël Jackson, à coup de millions de disques vendus, alors qu'en France on s'éclate sur les succès des Rita Mitsouko ou de Mylène Farmer – *Je je suis, li-ber-ti-ne.*

Le jeune David est astucieux, il décroche des petits contrats pour animer des fêtes, anniversaires ou mariages. Il se veut avant l'heure disc-jockey, une personne qui sélectionne et diffuse de la musique dans une discothèque, un bar ou sur les ondes d'une radio. Il peut enchaîner les morceaux de musique, en superposer deux ou introduire une version *a capella* afin de créer une œuvre originale. Cette technique est plus connue dans le monde du *clubbing* sous le nom de *bootleg.* De nos jours, le disc-jockey est parfois considéré comme un véritable musicien. Tel n'était pas le cas avant l'avènement de notre DJ star David Guetta.

Mais le succès ne fut pas tout de suite au rendez-vous, car le style de musique de David, le funk, ne plaisait guère à son public qui, lui, demandait de la chanson populaire, style Claude François ou Patrick Hernandez.

Pour arriver à mixer des titres qu'il aimait, il lui fallut trouver une place dans une discothèque, à Paris. Il signe alors un contrat avec Le Factory mais, n'étant pas à son aise, il se met en quête, en parallèle, du poste idéal.

Après de multiples recherches, son rêve se réalise, il est embauché comme disc-jockey dans une boîte de nuit gay du quartier des Halles, Le Broad. Très vite il devient la coqueluche de ce lieu, où on le surnomme… « Le Petit Héros ».

David se retrouve enfin dans l'univers convoité, mais qu'il ignorait jusqu'alors : « *Complètement par hasard, j'ai eu mon premier job dans un club gay. En fait, ça a été la chance de ma vie, parce que je me suis renseigné sur ce qui se passait dans les autres clubs gay, j'ai entendu parler de la house music. Comme ma musique était très différente des autres, j'ai commencé, assez rapidement, à avoir des gens qui me suivaient dans les différents clubs dans lesquels je travaillais ; ce qui, encore une fois, était un phénomène complètement nouveau, c'est-à-dire que moi, par exemple, je venais avec mes propres disques. Ça paraît évident aujourd'hui qu'un DJ vienne avec ses disques dans un club, mais à cette époque, non ; le DJ passait les disques de la boîte, et c'était le patron qui disait ce qu'il fallait jouer. Et puis, comme j'avais toujours un patron qui me disait ce qu'il fallait que je joue quand même, j'ai commencé à organiser mes propres soirées*[1]. »

House music

Au Broad, David est connu pour les soirées acid house une variante de la house, un style de musique électronique né dans les années 1980 à Chicago. Son nom provient du club Warehouse, où travaillait le fameux DJ Frankie Knuckles, qui en fut le précurseur sous les labels DJ International Records et Trax Records. Son mix de la chanson de Jamie Principale *Your Love* a définitivement lancé la house qui sans lui n'aurait sans doute jamais connu une telle notoriété.

Certains cependant contestent cette version de l'origine de la house music. Selon Larry Heard, elle viendrait des premiers disc-jockeys qui créaient leurs musiques à la maison – *house*, en anglais –, ce qui était impossible avant l'émergence des DJ-producteurs.

L'architecture de la house est constituée d'un rythme minimal, d'une ligne de basses dans le style funk et d'une voix. Les premiers producteurs de la house sont Chip E., Steve Silk Hurley, Adonis, Marshall Jefferson, Keith Farley,

1. Interview de David Guetta, Radio FG.

Lil'Louis et Larry Heard. C'est la première musique sans musiciens réalisée à l'aide d'un matériel basique tel qu'une boîte à rythmes, un synthétiseur, un magnétophone multipistes et des voix de morceaux connus.

La house est l'héritière du disco des années 1970. Elle mélange différents styles musicaux comme le R'n'B, la soul, la salsa, le funk, la pop ou le rock. On perçoit, dans *I Feel Love* de Donna Summer en 1977, des sons électroniques. Cette année-là, dans l'album de Kraftwerk, *Trans-Europe Express*, sont introduits des sons et des éléments que l'on entendra plus tard dans les productions techno.

Au Broad, David a sympathisé avec un employé du lieu, Kien, qui a repéré ses talents.

Devant le succès des soirées acid house, tous deux cherchent une boîte de nuit plus grande. C'est donc au Rex Club que Kien lancera les nouvelles soirées hebdomadaires Unity. Il mettra David aux commandes de huit disc-jockeys confirmés, parmi lesquels Didier Sinclair, qui deviendra l'un des directeurs artistiques de la célèbre Radio FG. David est le leader.

Un an plus tard et plein d'énergie, le duo de choc David-Kien prend la direction artistique du club Folie's Pigalle. Ce cabaret transformé en discothèque, près du Moulin Rouge, attirera toute la presse.

Nous sommes en 1990. David fait une rencontre qui va changer sa vie, celle de Sidney Duteil, l'une des personnalités les plus médiatiques de la culture hip-hop française. Ayant aussitôt sympathisé, David et lui enregistreront un single baptisé *Nation Rap* puis un clip qui les mettra tous deux en scène.

Nation Rap

Fils du « 9.3 », né à Argenteuil, Sidney Duteil possède tous les talents : animateur de radio et de télévision, musicien, disc-jockey, compositeur, danseur et rappeur. Il nous raconte sa rencontre avec David, en 1990 :

« *J'étais à la recherche d'un DJ pour une tournée organisée par la maison de disques Island France.* [...] *Je devais co-présenter, avec Olivier Cachin, une nouvelle émission télévisée sur le rap pour la chaîne M6.* [...] *Avant que les émissions ne débutent en septembre, une tournée d'été, parrainée par la maison de disques Island, M6 et la FNAC, a été organisée. Toutes les Fnac recherchaient des talents... J'étais donc en quête d'un DJ pour cette tournée et, un soir, je suis allé à une soirée black au Rex Club à Paris. En entrant, j'entends du bon vieux son hip-hop, des titres de James Brown mixés à la perfection. Plus j'avançais dans la boîte, qui était tout en longueur, plus la musique était archiblack à fond, c'était la fête, le délire, les gens s'amusaient. Je me demandais qui était le DJ. Puis, je vois sur la scène du Rex Club un jeune homme blond, aux cheveux très longs. Il mixait et en même temps surveillait, pour ne pas se faire piquer ses vinyles par les Blacks autour de lui. Je vais le voir et lui dis :*

"C'est toi qui fais du bon son black ?

– Ben ouais, me répond-il.

– Est-ce que tu veux venir avec moi en tournée ? »

Cette tournée a eu lieu, sous le nom de Nation Rap. Lorsque je suis rentré, la chaîne M6 n'a plus eu besoin de moi et a gardé Olivier Cachin pour présenter l'émission Rapline *qui, par la suite, est devenue culte. À la fin de cette tournée, la maison de disques Island (celle de Bob Marley) a sorti une compilation nommée* Nation Rap, *dans laquelle figurait le meilleur artiste de chaque ville. Puis au même moment, elle a décidé de fermer son bureau parisien. Après cette compil, David et moi, on s'est dit : "On va sortir d'autres titres." Nous étions potes, on voulait faire plein de chansons. J'ai fait des paroles, des arrangements ; nous avons pondu* Nation Rap *; moi aux claviers et David au* scratch[1]. *Puis, nous avons sorti le disque. Le label Island nous a organisé l'enregistrement d'un clip à Londres… Nous y sommes donc allés. Depuis, il y a le buzz qui tourne sur Inter-*

---

1. Procédé utilisé en musique, principalement hip-hop, permettant d'obtenir un effet sonore particulier, consistant initialement à faire tourner à la main un disque vinyle.

net, où l'on peut voir le clip qu'on a fait à l'époque. Le titre n'a pas marché des masses, car il n'y a pas eu de promo[1]. »

Avec ce titre entre les mains, David débute à la télé le 8 janvier 1991 dans *La Classe*, une émission de divertissement, créée par Guy Lux, présentée par Fabrice et diffusée sur France 3 chaque jour de la semaine, de 20 h à 20 h 30, entre 1987 et 1994. David Guetta y mixe le titre *Nation Rap*, de son copain Sidney. Beaucoup de téléspectateurs sont subjugués par le charisme hors norme du jeune disc-jockey.

Autre témoin des débuts de David Guetta : l'animateur de télévision, journaliste et écrivain, Olivier Cachin, à qui l'on doit de nombreux ouvrages sur le monde du rap :

« *J'ai connu David Guetta en 1990. On avait organisé une mini tournée autour du single* Nation Rap, *une dizaine de petits showscases dans des villes de province. J'étais allé le voir à Lyon. Il faut imaginer, à l'époque, deux tréteaux posés devant les Fnac, un peu comme des vendeurs de foire… Sydney jouait le morceau avec David Guetta. C'est d'autant plus marrant quand on voit aujourd'hui David Guetta remixer avec Madonna ou The Black Eyed Peas. Il était plus branché rap, que dance music. À l'époque, le DJ n'était pas valorisé, il était le pauvre gars qui "poussait" les disques dans les macumbas, il*

1. Entretien avec l'auteur, 2015.

n'avait pas du tout une image de personne branchée. Il était plutôt méprisé ou ignoré des gens. Aux Bains et dans les clubs parisiens, David a imposé son nom, sa griffe, il est devenu un DJ assez coté. Plutôt réservé, David n'a jamais eu le côté "grande gueule" des DJ à l'anglaise, ni le côté arrogant ou flashy paillettes entouré de nanas. Le plus étonnant, c'est que David est devenu un faiseur de son dans l'electro, un peu comme le Puff Daddy du hip-hop, quelqu'un qui ne sait pas jouer d'instruments, qui n'est pas non plus producteur dans le sens technique du terme, mais qui a le génie des tendances. »

Ah ! les *nineties* ! Commencées dans l'euphorie de la chute du Mur de Berlin et achevées dans le sang des guerres en ex-Yougoslavie, elles voient la mort de Gainsbourg et la naissance des boys bands.

Durant cette période, David fait la rencontre d'une charmante jeune fille sénégalaise, la femme de sa vie, Cathy.

III

POUR L'AMOUR DE CATHY

Une rencontre d'amour

Derrière chaque grand homme se cache une femme. Pour David Guetta, il s'agit de Cathy, Catherine Lobé de son vrai nom, qui va l'accompagner vers les sommets de la gloire.

Née sous le signe du Bélier à Dakar, au Sénégal, le 27 mars 1967, cette femme d'affaires au tempérament de feu est la fille d'un militaire camerounais et d'une Française élevée dans un orphelinat ; tous deux lui ont transmis le culte du travail et une volonté de fer. Catherine grandit à Toulon, dans le sud de la France, aux côtés de ses deux frères, Chris qui deviendra disc-jockey, et Jean-Charles qui travaillera dans un garage.

Selon son signe astrologique, Cathy, d'humeur très sensible et émotive, est animée par le besoin d'aider les autres, surtout les plus opprimés, d'aimer et d'être aimée. Son partenaire sera ravi de vivre aux côtés de cette femme énergique, aimante et sensuelle.

Sur le plan professionnel, Cathy franchira tous les obstacles sur le chemin du succès. Dotée d'intelligence, de feeling et de finesse, elle obtiendra tout ce qu'elle voudra. Exprimant sans honte ses sentiments pour les siens, elle suscitera beaucoup de jalousie.

Enfant de la télé, dans les années 1970, Cathy est fan des émissions du couple Maritie et Gilbert Carpentier, les rois du divertissement avec *Numéro 1*, et *Top à…* qui fait partie de sa playlist télévisuelle.

Fan de Claude François, Cathy s'effondre en larmes en apprenant la disparition accidentelle du chanteur, électrocuté dans sa salle de bains, le samedi 11 mars 1978.

Un soir de décembre, l'un de ses frères, Chris, l'emmène en discothèque pour la première fois, lui offrant ainsi son plus beau cadeau de Noël. « *Pour moi qui avais passé mon enfance à danser devant mon miroir, découvrir un lieu dédié à la danse, c'était le paradis,* commente Cathy Guetta. *Et puis, les lumières tamisées atténuaient les différences. Mon métissage, qu'on pointait du doigt et qui incitait les garçons à m'avoir comme bonne copine plutôt que comme petite amie, n'était soudain plus un problème. Tout à coup, parce que je dansais bien, les regards se sont portés sur moi,*

moi qui étais transparente, à qui l'on n'adressait jamais un compliment[1]. »

Dès cet instant le night-club est plus qu'un lieu d'amusement pour l'enfant métisse, mal dans sa tête. Cette Tour de Babel où personne ne fait attention à sa couleur de peau, devient le cadre de son épanouissement, de sa libération.

Dans une discothèque de Toulon, elle trouve son premier emploi au vestiaire, puis comme barmaid. « *Ensuite, elle est passée en salle et s'est occupée des VIP* », se souvient Marc Cerrone. Aujourd'hui âgée de soixante-quatre ans, cette « légende du disco » a vendu plus de 30 millions de disques. « *J'ai connu Cathy avant qu'elle rencontre David, poursuit-il. J'aimais beaucoup Cathy, et sa façon d'arriver dans notre milieu, un monde un petit peu capricieux*[2]. » Cathy suivra quelque temps son frère Chris à La Réunion, pour ensuite mettre le cap sur Saint-Tropez, capitale de la nouvelle vague, puis des yéyés, de la jet-set internationale et… des gendarmes, ceux de Louis de Funès et de Michel Galabru. C'est en boîte de nuit, au Papagayo, que Cathy rencontre son futur mari : « *Dès que j'ai vu son visage angélique*, dira-t-elle, *j'ai eu le coup de foudre.* »

1. « David et Cathy Guetta, les rois de la nuit au grand jour », Manuela Kongolo, *Paris Match*, 13 août 2009.
2. Entretien avec l'auteur, novembre 2015.

Aux dires de David : « *Le plus drôle, c'est que le copain qui m'accompagnait m'a glissé, tandis que je fixais Cathy : "Elle est pour toi !"... Le charme et la magie de l'amour ont opéré... c'était le coup de foudre*[1]. » Entre les deux tourtereaux, c'est le choc du cœur, mais entre la famille de David et celle de Cathy, c'est le choc des cultures. En effet, les Guetta appartiennent à une intelligentsia de gauche qui idéalise les valeurs de Mai-68, tandis que le père de Cathy est un militaire très marqué à droite. Malgré leurs grands principes égalitaires, les parents de David n'acceptent pas qu'il vive avec une barmaid en boîte de nuit. S'ils se consolent en imaginant cette relation éphémère, « une amourette d'un été », la suite leur donnera tort. La romance entre les deux jeunes gens s'avère durable, les parents de David finiront par accepter Cathy.

Le mariage

« Unis par les liens sacrés du mariage ». Août 1992. Catherine Lobé devient officiellement Mme Guetta. Pas question d'un mariage dans l'intimité, ni même avec... 150 invités, la moyenne en France dans les milieux aisés ! Cathy veut 800 personnes ! Déterminée comme nulle autre,

1. « David et Cathy Guetta, les rois de la nuit au grand jour », Manuela Kongolo, *Paris Match*, 13 août 2009.

elle obtient satisfaction. La fête aura lieu dans une boîte de nuit dont le nom est tenu secret. Le couple invite tous les clients. Pourtant, le budget est très limité car à l'époque David ne roule pas sur l'or. En échange de la salle, David propose trois soirées de mix ; pour l'alcool, Cathy s'arrange avec des fournisseurs qui lui offrent généreusement des boissons. Elle mettra en scène ce mariage comme dans ses rêves de petite fille, dans un esprit de fête foraine : pommes d'amour, barbe à papa, gâteaux, bonbons… C'est une réussite, les invités s'amusent et certains finiront dans la piscine conformément aux aspirations enfantines de Cathy.

Ce mariage marque le début de leur ascension commune, vers le succès, l'amour et le bonheur familial.

Dès 1995, Cathy organise avec David des shows époustouflants à Ibiza, aux Baléares. Chaque soirée inaugure un nouveau concept, un nouveau décor, timidement organisés et créés par Cathy.

Son imagination et sa façon hors normes de diriger feront naître magie et parfums colorés dans un environnement féerique. Le succès est tel que des files d'attente interminables se forment devant les palaces où les soirées ont lieu. Pour Cathy, le droit d'entrée est la tenue vestimentaire. Elle aime particulièrement voir les filles perchées sur des talons de dix centimètres. Au minimum ! Les mots d'ordre :

avoir l'esprit festif, être séduisant, fun et sexy, mais l'élément essentiel demeure le sourire.

Cathy se donne à fond. Malgré des moments d'extrême fatigue, elle montre toujours une vitalité surprenante. Chaque soir le show doit être différent, elle en a conscience : la belle Cathy du lundi et celle du mardi présenteront deux looks opposés, mais toujours fun et à la mode.

Marc Cerrone, la « légende du disco », a connu à ses débuts le couple mythique : « *David sans Cathy n'aurait pas connu une telle réussite. Ils étaient très amoureux, en tout cas au début. Ce fut un vrai couple et de vrais associés. Ils ont fait du business, une carrière, des enfants. Les Guetta n'ont pas vraiment pris la grosse tête, ils sont humains et simples, mais c'est sûr que l'argent change la vie, on fait plus attention à son entourage, il y a des profiteurs. Le regard des gens change dès qu'il y a de l'argent, on ne peut plus s'entendre avec tout le monde. On garde ses amis du début, on en perd et on en rencontre d'autres.* [1] »

En route vers la gloire !

En 1993, Philippe Fatien fait appel à David et Kien. Il vient d'ouvrir le Queen, d'abord appelé Le Central au

1. Entretien avec l'auteur.

102, avenue des Champs-Élysées. La boîte, dont la clientèle est majoritairement gay, sera connue mondialement grâce à ses soirées de prestige très branchées. Directeur artistique pendant deux ans, David Guetta y mixe régulièrement. Parallèlement, en 1994, Kien et lui transforment, chaque week-end, en club branché. une salle de concert du 11e arrondissement dont le nom, après le massacre du 13 novembre 2015, deviendra tristement célèbre dans le monde entier. Édifié en 1864, ce grand café-concert d'architecture chinoise s'appella Ba-ta-clan, en référence à l'opérette d'Offenbach.

Avec Kien, Cathy et son copain Franck Maillot, David forme alors une *dream team* qui fera les beaux jours du Bataclan. En route vers la gloire !

Tout s'accélère durant cette année 1994 où David sort son deuxième 45 tours, *Up and Away* (David Guetta feat. Robert Owens) sous le label Dance Pool. Témoin de choix de cette aventure : Laurent Fery. Il a travaillé de 1985 à 1990 pour NRJ en tant que programmateur musical, puis de 1990 à 1996 chez Dance Pool comme promoteur radio, promoteur club, international A & R et directeur de promo ; il y fait signer N-Trance, Boris, Sub Sub, Dance 2 Trance et Danube Dance : « *Chez Sony Music, nous avions déjà lancé en 1993 une série qui s'appelait Top DJ et qui mettait en avant autant de DJ qu'il y avait de titres dans la compilation. Je me suis occupé de la programmation des trois premières ; nous avons vendu 1 550 000 exemplaires en dix-huit mois. Alors qu'à l'époque les DJ se présentaient juste par leurs prénoms, je fus l'un des premiers à leur conseiller de donner aussi leur nom de famille, afin que leur identité ne se limite pas à un prénom DJ du club de telle ville. Nous avons sorti l'un des premiers titres, si ce n'est son premier titre solo,* David Guetta feat. Robert Owens, Up and Away *en 1994. Le défunt Olivier Chatelin, qui était chef de produit du Dance Pool, a signé David Guetta. Nous avons passé quelques jours aux Pays-Bas dans le cadre de la promo, à l'Amsterdam Dance Event. David était très sympa. J'ai tout de suite pensé qu'il deviendrait une star. La première fois que je l'ai remarqué, c'était, je crois, à une soirée organisée par Universal sous un chapiteau du côté de Vitry ou Ivry... J'avais apprécié la programmation et j'avais demandé qui était aux platines. David est une personne sincère et qui n'a pas pris la grosse tête.* »

Joli palmarès pour Laurent Fery ! À son actif : le label Full Ace pour Tréma, avec lequel il a signé l'un des premiers titres d'Antoine Clamaran et de Laurent Wolf. Au début des années 2000, Laurent Fery a fondé une webradio, Radio13.net, qui a reçu 20 millions de visites depuis sa création. Il a également travaillé pour deux émissions de France 2. Ces états de services en font un observateur avisé de la carrière de David Guetta : « *David sait trouver ce qui va plaire au public. La musique est une émotion. Le challenge est que l'émotion de l'artiste trouve son public. S'il travaille toujours autant, en sachant capter d'avance les diverses influences des prochaines années, il n'y a pas de raison pour que cela ne dure pas même si la durée de vie professionnelle d'un DJ est par définition limitée. La véritable concurrence viendra probablement des femmes, avec la première DJette Star, ça ne devrait pas trop tarder. Comme David l'a dit en interview dans l'émission* 6-9, *concernant un titre de Kelly Rowland, il croyait tenir le résultat parfait. Pourtant, après l'avoir testé en club, il l'a modifié douze fois avant d'arriver à ce qui a fait son succès. Comme toujours, le succès vient par la persévérance. David a tourné depuis de nombreuses années dans les villes étrangères pour développer sa popularité. Bien sûr, il fait partie d'une génération de DJ qui a été soutenue de façon importante par les radios. Il était normal que le phénomène DJ explose. Maintenant, beaucoup de jeunes veulent devenir DJ professionnels. Malgré tout, les places sont chères et il y aura peu d'élus. Aujourd'hui, en radio, les titres de David Guetta sont des valeurs sûres. Mon message : "Continue comme ça, je suis ravi de ton succès qui est le fruit du travail."* »

IV

LES ANNÉES BAINS DOUCHES

Connaissez-vous le Palace ? Cette salle parisienne gigantesque a connu son heure de gloire de 1978 à 1983 quand s'y cristallisaient les relations entre la mode, la musique, le chic parisien et la culture underground. Après la mort de son charismatique fondateur, Fabrice Emaer, le Palace passa de mains en mains avant que Régine s'y installe brièvement en 1992. Il était logique que le couple Guetta s'y intéresse. Ce lieu mythique trouve en eux des repreneurs à sa mesure. Quittant la direction artistique du Queen, les Guetta arrivent aux commandes du Palace en 1995. Ils relancent l'affaire grâce au Privilège, un club situé juste au-dessous du Palace, relooké, notamment avec les after Kitkat. C'est à cette époque que la célèbre Djette Benji de la House fait la rencontre de David.

« *J'ai débuté aux platines du Boy, à Paris, où Marco (de Belgique) m'a appris à mixer, puis j'ai joué au Palace, au Privilège, aux Folie's Pigalle, et dans de nombreux autres endroits. J'ai rencontré David à ses débuts au Palace ; ce fut une rencontre informelle entre DJ à l'orée de leurs carrières, mais lui était le résident… C'est un garçon très sympa et surtout simple, ce qui se fait rare de nos jours, il est tel qu'on le voit dans les médias. Il a transporté la France au plus haut niveau des productions françaises, de même que Bob Sinclar ou Martin Solveig… Je suis fière qu'il ait réussi, et surtout qu'il n'ait pas pris la grosse tête ! Le souvenir que j'ai de lui, c'est son expression "Ça fracasse, et quand ça fracasse, ça fracasse*[1]*".* »

Folles nuits à Paris

Après Le Palace, Les Bains Douches… À la fin des années 1990, David et Cathy prennent la gérance de cet autre club mythique parisien, situé au 7, rue du Bourg l'Abbé, dans le 3e arrondissement. Créés en 1978 par Fabrice Coat, Les Bains Douches ont été rachetés en 1984 par Hubert Boukobza et Claude Challe. Toutes les stars nationales et internationales s'y bousculent ; les people se mêlent aux plus belles filles du monde.

« *Je ne suis pas DJ ! Je ne suis pas un musicien, ni un technicien,* raconte Claude Challe. *À l'époque où je jouais souvent en Angleterre, on m'a qualifié de "sound designer", je trouve que c'est la formule la plus proche de la réalité. Lorsque je suis*

1. Entretien avec l'auteur, janvier 2016.

devenu propriétaire des Bains Douches, je m'occupais du son. Et puis, de temps en temps, je passais derrière les platines pour m'amuser. Depuis, c'est devenu un endroit mythique. Je crois qu'à part le pape, tout le monde y est venu… Aux Bains, il y avait une musique très pointue aux accents espagnols, indiens, thaïlandais. C'était à la fois new wave, trip hop et world music. A contrario, les autres endroits à la mode passaient souvent une musique très commerciale. On trouvait ce genre nulle part ailleurs. […] *Je suis enchanté par la réussite de David Guetta ! Sa femme, Cathy, a travaillé pendant douze ans chez nous. Je les connais très bien. David est un homme délicieux et extrêmement touchant. Sa musique marche mais elle ne me parle pas. Après, il a trouvé un filon. C'est le DJ qui vend le plus de disques au monde et ça, c'est un exploit alors qu'on ne vend plus de disques. Aujourd'hui, je produis 20 000 disques, avant j'en vendais 200 000. Je suis incapable de faire du David Guetta. C'est aussi pour ça qu'il est le DJ le plus cher sur le marché*[1]. »

Autre témoin des années Bains Douches, Kiera Chaplin, mannequin, actrice de son état et petite fille du légendaire Charlot. Elle avait seize ans lorsqu'elle a connu David Guetta en 1998 : « *Je me souviens de lui, DJ aux Bains Douches. Il était timide et gentil. Cathy était plus expansive. Elle était alors*

1. « Claude Challe, DJ baba cool », *Monaco Hebdo*, 9 juillet 2014.

la reine de la nuit et les gens voulaient l'avoir comme amie afin de pouvoir entrer au club. J'ai toujours aimé David, du fait que j'étais timide moi-même à cette époque, alors que Cathy m'impressionnait par son assurance. Ils ont formé un duo fantastique. Je les ai toujours appréciés et admirés pour leur ténacité, pour avoir été capables de rester ensemble dans le monde de la nuit, chose qui n'est pas évidente. Je les ai vus grandir et avoir plus de succès avec les années. Je me souviens avoir dîné avec eux à Cannes avant sa merveilleuse réussite, il m'avait parlé de son prochain disque. Il était tellement excité d'avoir réalisé son propre album ! Je suis sûre qu'il n'avait pas osé espérer un tel résultat. Je suis heureuse pour lui, il mérite son succès. C'est une belle âme qui vit pour la musique.[1] »

Parmi les employés occasionnels des Bains, se trouvait à l'époque le futur conseiller municipal de Courbevoie, Arash Derambarsh, alors étudiant en première année de Deug de droit à l'université Paris-Ouest-Nanterre-La Défense : « *Je me souviens de David Guetta, jeune homme de trente-deux ans en 1999. Beaucoup de charisme, de simplicité et quelqu'un de drôle. Il était déjà très respecté, comme sa femme Cathy. Concernant Cathy et son frère Chris, j'ai eu un excellent feeling. Chris était un bon DJ et il mixait au premier étage,*

1. Entretien avec l'auteur, janvier 2016.

au restaurant. Cathy Guetta était partout, elle assurait son rôle à toutes les tables. Je voyais ce couple comme très complémentaire et très soudé. David m'avait confié qu'il aimait par-dessus tout la musique, celle qui fait danser tout le monde. Les Bains Douches à cette époque, c'était des soirées fantastiques. On y côtoyait des gens très différents… On pouvait danser avec Steven Spielberg, Jennifer Lopez, Jamel Debbouze, la princesse Soraya, Vanessa Paradis, la concierge d'en face, un coiffeur, des jeunes étudiants, des mannequins, des politiques, des drag queens, des homos et des hétéros… Tout le monde dansait sur la piste sans se dévisager et sans se juger. C'était de la bonne musique et il y en avait pour tous les goûts. Je suis heureux de voir la réussite de David Guetta. Il donne une belle image de la France à l'étranger, celle de la réussite comme fruit du travail. Celle de la méritocratie. […] J'ai beaucoup appris grâce à eux… Et j'ai payé mon Deug de droit grâce à David Guetta[1] ! »

1. « Quand David Guetta me payait mes études de droit aux Bains Douches », *arashderambarsh.com*, 14 février 2011.

V

LA MUSIQUE DANS LA PEAU

David Guetta, producteur

Après tant de succès à la tête de night-clubs, David veut embrasser une carrière musicale. Il crée le 10 avril 2001, avec ses complices Joachim Garraud et Jean-Charles Carré, la société Gum Prod, spécialisée dans la production et l'édition musicales. Le siège social se trouve au 108, rue de Rivoli, dans le 1er arrondissement de Paris et le capital s'élève à 8 000 euros. Jean-Charles Carré, le gérant de Gum Prod est un allié de toujours de David. Joachim Garraud, né à Nantes en 1968, DJ-producteur à la sonorité house electro, s'est rapproché de David plus récemment, à l'occasion de leur collaboration pour l'album *Just a Little More Love* au succès explosif, sorti dans les bacs le 21 juillet 2001.

La chanson est interprétée par la voix gospel au timbre décalé de Christopher Willis. Plus connu sous son nom d'artiste Chris Willis, ce chanteur américain né à Dayton, dans l'Ohio, fut le coach vocal du groupe français 2Be3 pendant leur période américaine, mais aussi le coproducteur de leur album en anglais *Excuse my French*.

Pour *actuanews.fr*, Chris Willis raconte : « *Adel, un des membres du groupe 2BE3 m'a présenté David Guetta lors d'un dîner à Paris. David m'a aussitôt invité à venir en studio le lendemain. Je n'avais aucune idée de ce qui allait m'arriver. Nous avons fini la partie vocale d'une chanson qu'il avait composée avec Joachim Garraud. Je m'en souviens comme si c'était hier. J'ai chanté quelques musiques et lorsque j'ai fini d'écrire les paroles, ils se sont réjouis dans le studio. Je n'étais pas préparé à ce genre de réaction. J'étais tellement habitué à la perfection de la musique faite à Nashville. Cette chanson était différente. C'était juste une partie vocale. Aucun vers, aucun pont. C'était vraiment nouveau pour moi. Je leur ai demandé : "Ne voulez-vous pas ajouter un vers ou un pont, rien de plus ?" Ils m'ont dit qu'ils avaient tout ce qu'il leur fallait. C'était si nouveau et incroyable pour moi. Et puis, un jour David m'a appelé pour me dire que la chanson était numéro 1 en France. Extraordinaire ! Je ne connaissais absolument rien à la dance music et j'étais à des années lumières d'imaginer que ce morceau allait me révéler à la planète entière. La nuit où j'ai écrit la chanson* Just a Little More Love *a changé ma vie. C'est comme si j'arrivais au Paradis. Nous nous sommes réunis avec*

David et Joachim pour écrire ensemble les autres chansons, puis elles ont été diffusées en radios et ont grimpé dans les charts[1]. »

Ce tout nouveau single marquera le lancement de la carrière musicale de David en tant que producteur. *Just a Little More Love*, qui prône l'amour, la paix, l'union absolue, sera son premier vrai succès commercial en France.

Dans une interview donnée au site *waxx-music.com*, David nous fait part de ses premiers pas dans le monde de la production : « *Ça s'est fait bizarrement, un peu par hasard. J'ai revu mon pote Joachim. Ingénieur du son, il avait monté son studio, plutôt dans la pub. On s'était connus à l'époque du Boy et on s'est dit qu'on allait faire de la musique tous les lundis. On allait faire ça comme deux potes qui se retrouvent pour jouer au foot ou aller au cinéma. Deux lundis plus tard, en allant au restaurant, on rencontre des amis musiciens, dont Chris Willis. On parle musique comme deux personnes qui parlent de ce qui les intéressent. Il se trouve qu'il est chanteur de gospels. Je l'ai invité et, le lendemain, on a enregistré* Just a Little More Love. *On trouvait le morceau très bien, on l'a fait écouter à des copains artistes, dont l'un travaillait chez Virgin. Il a appelé Virgin en leur disant :*

1. « Rencontre avec Chris Willis », *actuanews.fr*, 20 août 2014.

"C'est chaud, il a un truc très bien, vous devriez appeler David[1] *!"* »

Bien évidemment, dès le lendemain, le label contacte David et Joachim Garraud, qui signent chez la prestigieuse major Virgin la semaine suivante, et ce, pour un album entier. David racontera qu'il était tellement excité au soir de la signature pour le single et l'album qu'il n'a pas pu dormir. À 6 heures du matin, il prendra un papier et un stylo afin de coucher ses multiples idées pour la création de son album.

David raconte que trois mois plus tard, le jour de la sortie du single, le directeur artistique de Virgin lui dit : « *Il va falloir faire un album.* » David lui réplique tout de suite : « *Il est prêt.* »

David et Joachim travaillent simplement, dans un home studio. En revanche, le matériel informatique est de très bonne qualité. David considère qu'une installation basique, sans grosses tables de mixage, améliore la sensibilité et l'expression artistique de son travail.

Le 13 juin 2002, il sort son premier album, *Just a Little More Love* coproduit par Joachim Garraud et interprété, pour la plupart des titres, par le chanteur Chris Willis.

---

1. Interview, *waxx-music.com.*

Il s'en vendra plus de 300 000 exemplaires, principalement en Europe. Décidément, rien ne semble arrêter le jeune prodige.

Le label qui vient de signer David Guetta, Virgin Records, a été fondé en 1973 par Richard Branson. Jusqu'en 2012, ce label était sous la direction de la major EMI.

David est toujours resté fidèle à sa maison de disques. En 2012, il renouvellera son contrat chez EMI : « *EMI est comme ma propre maison. Ils ont cru en moi il y a dix ans, alors que la musique electro n'était qu'une scène underground, et l'ont fait progresser. Je crois en ce sens de la famille, cette énergie et cet esprit. J'ai été entouré par des gens qui adorent la musique et qui m'ont soutenu. Ils se sont engagés et je suis très content de renouveler mon contrat avec la meilleure équipe de la planète. Jusqu'à présent, l'aventure a été incroyable, et ce n'est que le début*[1] *!* »

Un autre personnage a côtoyé David Guetta au début des années 2000. Il s'agit du disc-jockey, Danny Wild, un témoin précieux dont la parole est rare : « *J'ai eu la chance de rencontrer David Guetta à l'époque où il était encore accessible. Il gérait Les Bains Douches, club parisien mythique en 2001, si je me rappelle bien. Un ami DJ, résident des Bains,*

1. « David Guetta, il renouvelle son contrat avec EMI Music France », http://www.emimusic.fr/actualites.

Bertrand (DJ LBR), me l'a présenté lors d'une soirée privée. Il venait tout juste de sortir son premier gros hit international, Just a Little More Love. *Nous avons échangé quelques phrases autour d'un verre, un moment sympathique, très enrichissant, et on pouvait percevoir le charisme du personnage. À l'époque où je l'ai rencontré, il constituait déjà un modèle, sans que je puisse imaginer une seconde qu'il allait connaître un tel succès quelques années après. Aujourd'hui, mon opinion n'a pas changé. On peut penser ce que l'on veut, mais grâce à l'image qu'il véhicule, de nos jours, le métier de DJ et de producteur de musique est enfin reconnu du grand public français. Il n'est évidemment pas le seul DJ à générer cette image, mais il fait partie des précurseurs. Lorsque j'ai entendu pour la première fois* Just a Little More Love, *je me suis dit qu'avec un titre comme ça, electro, un chanteur inconnu en France (Chris Willis), une sonorité hors du temps, il fallait être ambitieux. David a tapé juste. Le vocal était monstrueux, la ligne mélodique restait en tête, il avait trouvé la recette. On peut remarquer qu'il utilise très souvent des gimmicks mélancoliques, sur lesquels il pose des voix très happy. Ça paraît simple comme ça, mais il y a un gros travail de recherche derrière. Il sait aussi choisir les bonnes personnes avec qui travailler. Et il a gardé la même marque de fabrique depuis le début. David a la chance de produire pour et avec les plus grands, toujours avec un train d'avance, c'est donc plus que positif.*

Personnellement, j'aimerais qu'il produise un peu plus souvent des tracks *underground. [...] Il y a trois erreurs à ne pas commettre, vouloir devenir David Guetta, copier sa musique, son style, et faire ce métier pour devenir une star. Trop de jeunes DJ veulent lui ressembler, et pas souvent pour les bonnes raisons. On peut s'inspirer d'artistes connus, avoir un modèle, mais ne surtout pas vouloir en devenir un clone. Il n'y aura qu'un seul David Guetta, un seul Michael Jackson et un seul John Lennon. Pour ma part, si on me donnait le choix, j'aimerais évidemment avoir sa carrière. On entend parfois dire que David Guetta ne mixe pas en direct lors de ses prestations en club ou dans des festivals. C'est impressionnant ce que la jalousie peut faire dire, ça devient pathétique. Personnellement, j'ai eu l'occasion de me rendre dans deux ou trois soirées où il jouait, dont une à Miami, la F*** Me I'm Famous, et j'ai vraiment aimé son set. De plus, quand on a sa notoriété, on reçoit beaucoup de promos, on est donc constamment en avance sur sa playlist.*[1] »

F* Me I'm Famous**

En 2002, David décide, avec sa femme Cathy, de monter des soirées F*** Me I'm Famous, pour lesquelles ils partiront bourlinguer dans toute l'Europe.

1. Entretien avec l'auteur, 2015.

Le démarrage de ces soirées a lieu à Ibiza, la célèbre île des Baléares, devenue, depuis quelques années, la capitale mondiale des discothèques, dont les plus connues se nomment Le Pacha, L'Amnésia, Le Space et Le Privilège. Ibiza est aussi la capitale de la fête, du sexe, de la joie et de la séduction, du rire, de l'alcool, de la musique, du soleil, de la mer… et des filles en string se trémoussant sur les rythmes électriques des DJ. David, construit ses premières soirées F*** Me I'm Famous dans ce lieu paradisiaque, où jeunes et vieux viennent chercher du rêve.

L'affluence aux soirées F*** Me I'm Famous couronne les efforts du couple Guetta : près de 8 000 personnes, venues du monde entier, s'éclatent le temps d'un soir.

*F*** Me I'm* Famous, c'est aussi une compilation musicale reprenant les titres phares de l'été. Cette compilation est éditée chaque année depuis 2003.

« Tout le monde ne pouvant pas venir à Ibiza, c'est sympa de donner un goût de ce que peuvent être ces soirées, explique David Guetta. *La différence ? Avec un album David Guetta, ce ne sont que des titres à moi qui sont généralement des chansons. Alors que l'album* F*** Me I'm Famous, *est une compilation de titres purement club ; ça représente ce que j'"ai fait en tant que DJ pendant l'été.* F*** Me I'm Famous *est une compilation de tous les nouveaux talents, il n'y a pas forcément que des morceaux de David Guetta, il y a aussi*

plein de nouveaux DJ qui font de la musique de club qui déchirent mais qui n'ont pas forcément la plateforme pour se faire connaître du grand public ; donc j'essaie de les aider. Des personnes comme Nicky Romero ou Afrojack, c'est ainsi qu'elles ont émergé. Et d'autres qui ont beaucoup de talent. Ce sont des personnes dont les morceaux ne passent pas à la radio et qui, pourtant, font une musique d'excellente qualité, qui fait danser les gens dans tous les clubs[1]. »

Love Don't Let Me Go, le deuxième single

Février 2002. David sort son deuxième single, *Love Don't Let Me Go*, extrait de l'album *Just a Little More Love.* On y trouve en featuring le talentueux chanteur américain Chris Willis. La carrière musicale de David décolle. En France, il obtient un disque d'or et atteint la quatrième place du Top 50 avec plus de 376 000 exemplaires vendus. Un record pour lui.

Sa maison de disques est ravie, mais il l'est plus encore. Il réussit un exploit qui va au-delà de tout ce qu'il a pu imaginer. Le fils d'intellectuels de gauche se retrouve en tête des hit-parades et devient un artiste populaire. Les paroles – « Amour, ne me laisse pas partir » – ne sont pas engagées,

1. « Semaine David Guetta : F*** Me I'm Famous », *Funradio.fr*.

pas même du Brassens, mais tout simplement des mots d'amour, du grand public à l'état pur.

La chanson évoque le désespoir de David qui demande à sa compagne, dont il est fou amoureux, de ne pas le quitter après tout ce qu'ils ont vécu ensemble. Le clip mettra en scène de mystérieuses silhouettes voyageant dans l'espace, illustration de la créativité débordante de David.

30 avril 2002. Homme d'affaires avisé, David fonde le Guetta Events, une boîte de booking, qui s'occupe du placement d'artistes dans les concerts, clubs, etc. Son siège social se trouve au 108, rue de Rivoli, dans le 1er arrondissement de Paris. Le capital de la société est de 73 500 euros. En 2014, Guetta Events réalise un chiffre d'affaires de plus de 1,2 million euros… Pour gérer la société David fait appel à Christine Aguillon.

Le 12 Juillet 2002, on découvre le troisième single, *People Come, People Go*, extrait de l'album *Just a Little More Love*. Une chanson produite par Joachim Garraud et, bien évidemment, par David Guetta. Dans le classement des clubs en France, le titre figurera en 21e position.

Sortira ensuite le quatrième single, *Give me Something*, en featuring avec Barbara Tucker.

Le Pink Paradise

Cathy et David Guetta ouvrent en 2002 le Pink Platinium, qui changera de nom pour devenir le Pink Paradise.

Situé au 40, rue de Ponthieu, dans le 8e arrondissement de Paris, ce club de nuit branché accueille de superbes strip-teaseuses qui se trémoussent jusqu'au bout de la nuit sur les derniers hits house, sous le regard attentif des messieurs. Les clients peuvent demander à une *topless* de venir danser devant eux – ce qu'on appelle une *table dance* – mais la fille ne les déshabille pas, ne les touche même pas… Il en coûte 24 euros, le temps d'une chanson. Le show est très sensuel. Pour le nu intégral de la danseuse, il faut débourser 48 euros… On vous installe au fond de la salle, où il fait très sombre, et le show privé dure le temps de… deux chansons. Pour les inconditionnels, il y a aussi le *private room…* à l'étage. Le prix est d'environ 380 euros, pour trente minutes. Le Pink Paradise se révèle un endroit magique. Mais deux ans plus tard, les Guetta le vendront.

En 2003, ils ouvrent le Sweet Bar, un bar-restaurant situé 40, avenue George V, dans le 8e arrondissement de Paris. Cathy s'en occupe plus particulièrement. Déployant ses capacités à diriger, elle organise parallèlement des soirées privées dans la prestigieuse ville de Cannes, ainsi q'à Marrakech, qui fait tant rêver les amateurs de soleil et de voyages. Mais Cathy existe aussi sans son époux, à travers le cinéma. En 1999, elle joue un petit rôle dans *Peut-être*, réalisé par Cédric Klapisch, avant d'incarner, la même année, une prostituée dans *Quasimodo d'El Paris*, de Patrick Timsit. Dans un autre genre, en 2002, elle a interprété le rôle de Fred dans le film de Fabien Onteniente, *3 Zéros*.

Femme d'affaires, Cathy acquiert, en 2001 avec son époux, un restaurant marocain à Paris, Le Tanjia, rue de Ponthieu, dont la spécialité est l'agneau Tanjia, un délicieux plat mijoté pendant dix heures, agrémenté de vingt-cinq épices.

Clin d'œil aux origines de David ? Ou Cathy est-elle fan des épices de ce beau pays ? Le père de David trouve, lui, la création de cet établissement inconcevable : « *Tu es fou ! Tu es heureux, tu gagnes de l'argent, pourquoi veux-tu ouvrir un restaurant*[1] *?* » Outre que le nombre de quatre cents couverts par jour lui paraît irréalisable, et le prix du couscous – 22 euros –, trop élevé. En dépit des touchantes inquiétudes paternelles, rien ne freine le couple dans son dynamisme.

---

1. « Mon moteur c'est la musique et le plaisir », *L'Expansion*.

VI

DANS L'IVRESSE DU SUCCES

Guetta Blaster

Un nouveau bonheur vient combler le couple Guetta : Cathy est enceinte. Un petit Tim Elvis voit le jour le 9 février 2004, leur premier enfant.

Parallèlement, David prépare son deuxième bébé musical : un second album, *Guetta Blaster*, prévu pour le 10 juin 2004, coproduit par Joachim Garraud. L'album sera nommé aux Victoires de la musique en 2005, dans la catégorie « albums de musique électronique, groove, dance ». Le 24 mai 2004 sort le premier single, *Money*, qui en est extrait. Ce titre, interprété par son complice de toujours, Chris Willis, deviendra la bande originale du film *People Jet Set 2*.

« Fabien *Onteniente avait demandé à Cathy de l'aider pour le tournage à Ibiza, d'être sa consultante, afin que le film soit le plus crédible possible,* commente David Guetta. *Du coup on en a profité pour l'inviter à la fermeture du Space. Ce soir-là, je mixais avec Carl Cox et Éric Morillo. L'expérience a été une grosse grosse claque pour Fabien, qui a adoré. Je crois qu'il a été carrément épaté. De fil en aiguille, il m'a demandé de faire la musique du film*[1]. »

Stay, le deuxième single extrait de *Guetta Blaster*, sort dans les bacs en août 2004, avec en featuring Chris Willis. Cette chanson, d'une durée de 3 min 12, connaîtra un réel succès.

Autre single, le 22 novembre 2004 : *The World is Mine…* Réussite assurée, la mélodie du refrain n'est autre qu'un sample de la chanson *Someone Somewhere in Summertime*, des Simple Minds. Le titre trouve très rapidement sa place dans les hit-parades européens. La chanson est interprétée par le chanteur JD Davis. En 2007, il sort aussi aux États-Unis et rejoint les dance charts.

« *L'influence des années 1980, c'est un peu ma particularité,* explique David. Guetta Blaster *prend une direction plus pop cependant. La voix de JD Davis est vraiment incroyable, c'est pratiquement celle de Dave Gahan. Bien sûr, on a pensé à contacter "l'original". On voulait même contacter Annie Lennox pour la chanson* Time, *car c'est un morceau qui fait*

1. « David Guetta : je ne peux pas être plus heureux que ça », *Citegay.fr* , 21 juillet 2004.

beaucoup penser à Eurythmics. *Et puis je me suis dit qu'il était préférable que ce soit un hommage plutôt qu'une réalisation avec les sons de l'époque, les voix de l'époque, etc. Ça aurait donné un aspect mélancolique au projet. Or je ne fais pas de la musique du passé. En fait, j'ai voulu choper cette vague des années 1980, tout en y amenant une touche d'*aujourd'hui *et en le produisant pour que ça sonne comme* demain[1]. »

JD Davis, musicien et chanteur d'origine belge, a co-composé, co-écrit et chanté sur plusieurs titres des albums *Guetta Blaster* et *Pop Life* : *The World is Mine, In Love With Myself, Winner of The Game, Always* et *This is not a Love Song*. Il nous livre son témoignage : « *J'ai fait deux albums avec David Guetta,* Blaster *et* Pop Life. *Notre collaboration s'est très bien déroulée. Pour la création de l'album* Guetta Blaster, *c'était plutôt bon enfant, avec une bonne atmosphère en studio. On rigolait beaucoup, on ne se prenait pas très au sérieux. Pour la chanson* The World is Mine, *David voulait écrire un texte en rapport avec des films. Il ne voulait pas utiliser des phrases, mais y prendre des idées. Il a été inspiré par* Scarface, *avec Al Pacino, où l'on voit dans le ciel un ballon sur lequel est écrit "The World is Yours". C'est devenu une scène mythique du film, et nous en avons conclu que nous*

1. « David Guetta : je ne peux pas être plus heureux que ça », *Citegay.fr*, 21 juillet 2004.

ferions The World is Mine. *Écrire des phrases en rapport avec des films, c'était l'idée de David et nous l'avons suivie. Pour le titre* In Love with Myself, *les textes étaient inspirés de l'époque où David et Cathy étaient propriétaires du Pink Paradise, où se produisaient des stripteaseuses. David voulait écrire sur ces femmes magnifiques, désirées par les hommes, mais toujours très seules. Elles arrivaient en France et repartaient trois ou quatre mois après. On trouvait intéressant de leur dédier une chanson. Pour cela, nous partions toujours d'un thème. David est un très grand créatif qui sait ce qu'il veut. Comme je suis moi-même très exigeant dans mon travail en studio, nous nous sommes bien entendus. En 2002, j'ai sorti un album* Love Emulator, *avec mon groupe Sinéma, signé par Philippe Laugier, directeur artistique de Barclay. Il comprenait les titres* In my Eyes, Living it up *ou encore* Confusion. *Interviewé à l'époque par un de mes amis journaliste en Belgique, David lui avait dit qu'il était fan de mon album, en particulier du titre* In my Eyes. *Sans me connaître, il trouvait que je chantais bien. J'ai pris les devants, je suis allé chez lui rue de Rivoli, à Paris, je lui ai présenté d'autres titres que j'avais faits et, comme il connaissait déjà mon univers, ça a fonctionné tout de suite. Il aimait beaucoup ma voix, qui lui rappelait Dépêche Mode, Duran Duran, enfin le style des années 1980. Il est vrai que j'étais très influencé par cette période, avec toutes ses couleurs musicales que j'aimais beaucoup. Je me souviens que quand nous avons travaillé sur le titre* The World is Mine, *nous avons démarré en début d'après-midi et, à 3 heures du matin c'était en boîte. On avait trouvé toutes les voix, c'était un super moment et la magie s'est installée ce soir-là. Avec* The World is Mine, *nous avons réalisé l'un des plus gros titres, qui restera dans les mémoires. Je pense qu'une personne sur deux a déjà entendu cette chanson. Elle est devenue un classique. Je suis content d'avoir fait cela avec une nouvelle expérience musicale entre nos univers respectifs. David est un mec très simple, honnête et accessible. Il sourit, rit beaucoup, mais sait ce qu'il veut et fait ce qu'il faut pour y arriver… Je me souviens l'avoir accompagné dans des clubs pour mixer, et sur des plateaux de télévision comme celui de* Star Academy. *David va sûrement continuer sa carrière, car aujourd'hui il peut vraiment faire ce qu'il veut. Mais peut-être va-t-il faire un petit break, puisque ça fait des années qu'il tourne sans cesse pour satisfaire son public.*[1] »

David enchaîne

Cette année-là, en 2004, Cathy et David revendent la discothèque Pink Paradise. Un an plus tard, David crée, avec son complice Joachim Garraud, le label F*** Me I'm

1. Entretien avec l'auteur, 2015.

Famous Records. En août 2005, sort le second volume de la compilation *F*** Me I'm Famous.*

Le 17 novembre, David obtient plusieurs prix aux House Music Awards, une cérémonie organisée par le célèbre magazine anglais *DJ Mag*, qui distingue les meilleurs disc-jockeys internationaux.

Ce mensuel britannique, spécialiste depuis 1991 du monde des disc-jockeys et de la musique électronique, établit deux classements annuels des DJ internationaux, des références dans le domaine. En 2009, David Guetta y figure à la troisième place ; en 2010, il se trouve en deuxième position ; et en 2011, il est numéro 1. Jusqu'en 2015, David restera classé dans les dix premiers. Les années passent, le tourbillon continue.

En 2005, cinq soirées F*** Me I'm Famous ont été organisées à Paris, Londres, Ibiza, Barcelone et New York. La machine à succès Guetta ne s'arrête plus.

Le 22 juin 2006, une troisième compilation de *F*** Me I'm Famous* voit le jour et devient disque d'or en deux mois. Le succès va croissant, jusqu'à Madonna qui choisit David pour assurer la première partie de son show *Confessions Tour*, dans la mythique salle de Paris-Bercy, les 27, 28, 30 et 31 août 2006. David remixe aussi pour elle les titres *Celebration* et *Revolver*.

Love is Gone

Le premier single de l'album *Pop Life* est commercialisé le 18 juin 2007, il s'agit de *Love is Gone.* La version officielle est remixée par Joachim Garraud et Fred Rister. Elle sera interprétée tout naturellement par Chris Willis. Le titre est plus qu'un succès, c'est un hit en clubs et à la radio, durant tout l'été 2007.

Filles et garçons se trémoussent dans les boîtes de nuit sur le rythme électrique de *Love is Gone.* Les jeunes de la France entière tombent sous le charme de la chanson. Le succès du titre dépassera les frontières de l'Europe et arrivera sur le continent américain où il sera diffusé dans des clubs à tendance hip-hop.

Love is Gone est la chanson qui génèrera le plus d'argent en 2008, devançant ainsi *Relax*, de Mika, et *Double Je*, de Christophe Willem. En France, le single se vendra à plus de 110 500 exemplaires.

Un clip sera enregistré à Los Angeles, avec le mannequin Kelly Thibaud dans le rôle d'une serveuse se disputant avec son compagnon, alors que David, parmi les clients du restaurant, est occupé à lire un livre.

Troisième album Pop Life

Le troisième album de David Guetta, *Pop Life*, sorti le 18 juin 2007, est coproduit par son complice Joachim

Garraud ; on y retrouve le très beau timbre de voix de Chris Willis.

D'autres interprètes sont de la partie, tels JD Davis, Juliet, Tara McDonald, Cozi Costi ou encore Thailand. David est minutieux et prend soin de bien les choisir afin de transmettre sa propre émotion à l'écoute de ses titres. C'est aussi la première fois que l'on y entend des voix féminines dont Cozi-Costi, une chanteuse de musique pop, house, electro, originaire de Londres. Le titre se classe très vite à la sixième place du Top 50, et se vend à plus de 530 000 exemplaires dans le monde, dont 300 000 en France.

Parfum Ibiza

2007. Cathy lance un parfum pour femmes nommé *Ibiza*. Pour la promotion de cette nouvelle fragrance, elle organise durant l'été une tournée des clubs – une trentaine de dates.

Dans une interview filmée au Siel (salon des techniques audiovisuelles, scéniques et événementielles) pour les sites *infosjeunes.com* et *infosbar.com*, elle raconte : « *Puisque maintenant je suis dégagée de mes obligations de chef d'entreprise, que nous n'avons plus La Suite ni le Pink Paradise, j'ai un peu plus de temps pour développer le parfum. Au départ, quand on l'a lancé, je n'avais pas le loisir d'organiser une tournée et tout ce qui va avec. Aujourd'hui, au Siel, il est* *normal qu'on présente cette campagne. Il va y avoir quelques dates avec moi, puis des dates sans moi, car j'ai plein de choses à faire quand même… Dans la soirée, on va essayer de recréer un petit peu l'univers du parfum, on va distribuer des échantillons pour le faire découvrir à celles et ceux qui ne le connaissent pas encore. Il y a plein de cadeaux à gagner : sur l'ensemble de la tournée, cinq voyages d'une semaine à Ibiza pour deux personnes. On fait cinq F*** me I'm Famous cet été, dont un qui marquera la clôture officielle de la saison du Pacha, au mois de septembre. Les heureux gagnants viendront nous rejoindre là-bas pour l'occasion. »*

David : « *La première fois que je l'ai senti, ce n'était pas le même. Parce qu'en fait, Cathy venait tous les soirs avec des petits papiers – ça s'appelle des testeurs, je crois. Chaque soir, elle faisait des mélanges différents et me demandait : "Alors, qu'est-ce que tu en penses ?" Et moi qui n'ai jamais porté de parfum de ma vie et qui ne suis pas vraiment connaisseur, j'ai donné mon avis, mais il ne valait pas grand-chose. Cathy, je crois, a fait le bon choix car, honnêtement, je trouve que ça sent super bon.* »

Cathy : « *L'idée du parfum est venue du film* People, *dont le script relate une soirée autour d'un parfum qui s'appelle* Ibiza. *Je travaillais pour le film, sur le scénario. Je me suis beaucoup impliquée dans le packaging ; je trouvais légitime de faire une boule à facettes pour un parfum que j'allais défendre et qui était pour moi. Je me suis investie également dans la fragrance, j'en ai appris tous les termes et j'ai vraiment travaillé pour développer une odeur qui m'était propre, que j'adorais. On est partis d'une fleur qui s'appelle "reine de la nuit", et toutes les autres petites choses correspondent vraiment à ce que je suis : une note un petit peu plus rémanente de l'enfance, barbe à papa, sucre d'orge... Et tous les soirs, j'étais là: "David, tu crois que si une nana portait ça, tu la draguerais ?"* [...] *Quand on choisit un parfum, c'est pour séduire, donc je voulais avoir l'avis de David. Je souhaitais que toutes les nanas qui portent ce parfum soient draguées. Le parfum est sorti il y a deux ans en France, maintenant en Europe et dans le monde. Au vu du succès, on a décidé de faire une version pour hommes. Je ne pourrai pas avoir l'aide de mon mari, puisqu'il ne porte pas de parfum.* »

Dans cette même interview de Stéphane Larue et Laurent Le Pape pour *infosjeunes.com* et *infosbar.com*, Cathy revient sur ses soirées F*** Me I'm Famous : « *Elles cartonnent vraiment à Ibiza. Elles sont nées il y a cinq ans. Ce sont des soirées d'été de référence, mais c'est vrai qu'on n'avait pas le temps de les organiser, on était occupés avec La Suite et Le Pink, le succès de David et tout l'aspect musical autour des productions... Désormais, on va essayer d'organiser cinq ou six très belles soirées F*** Me I'm Famous à Paris. À Ibiza, on a commencé par une soirée l'été, puis deux, puis trois. Cette année, on en* *fait cinq, une pour le 14 juillet, trois au mois d'août et une en septembre.* »

Emportée par cette frénésie du succès, la famille Guetta s'agrandit avec la naissance, le 23 septembre, d'un deuxième enfant, Angie. Le bonheur est d'autant plus palpable qu'un mois plus tard, David est élu « meilleur DJ house » aux DJ Awards. Il remporte aussi le prix du « Best DJ Single » aux Burn FG DJ Awards. Et ce n'est pas fini, puisqu'il est élu « meilleur disc-jockey » aux World Music Awards.

Laurent Petit Guillaume : « Faire danser les gens avec des disques était déjà sa passion. »

L'animateur Laurent Petit Guillaume, nous raconte : « *J'ai connu David au début de sa carrière, je crois que cela devait être en 1991. Je le connaissais un peu en tant que DJ, mais pas vraiment bien… Je l'ai rencontré parce que M6 m'avait demandé de présenter l'émission* Dance Machine. *Il y avait aussi une jeune Américaine qui interviewait les artistes dance français et américains. Nous avons tourné dans un endroit vraiment mythique, Le Palace. Nous enregistrions les émissions l'après-midi, une fois par semaine. David était le disc-jockey, c'est lui qui était sur scène avec moi. Il avait ses platines et ses disques en vinyle (comme à l'époque), il mixait, les personnes présentes dansaient, les artistes arrivaient sur scène… On peut encore trouver, sur YouTube, des extraits de ces émissions, c'est assez rigolo de voir ça. Enfin… Moi, je trouve ça sympa. C'est donc, à cette époque que j'ai découvert David. Ensuite j'ai suivi toute son évolution… nous sommes devenus potes. Je l'ai retrouvé au Palace. Puis aux Bains avec Cathy, et aussi au Queen… J'ai suivi son chemin, son parcours, le recroisant de temps en temps ; j'ai gardé un bon souvenir de notre période télévisuelle… À cette époque, David était déjà passionné de musique et de « discjocking », je ne sais pas s'il y a un terme pour cela. Faire danser les gens avec des disques était déjà sa passion ; il était déjà très fort… C'était un bon DJ qui débutait. Il fait partie des gens que j'observe depuis longtemps et je trouve qu'il n'a absolument pas changé. Il a gardé le même physique, le même sourire, la même simplicité… Je ne sais pas s'il l'a gardée avec tout le monde, mais je pense que oui… Enfin, il a la même énergie, la même pêche qu'à cette époque, je n'ai pas l'impression qu'il ait beaucoup changé, ou même vieilli malgré le parcours, le succès et le temps qui passe. On a l'impression qu'il s'éclate toujours autant qu'il y a vingt ans ; je trouve ça plutôt sain… Je suis président d'honneur d'une association Petit Prince, dont le but est de réaliser les rêves d'enfants malades. Il y a à peu près dix ans, un jeune garçon de treize ou quatorze ans était fasciné par David et les disc-jockeys ; son rêve était de le rencontrer pour voir comment il travaillait. J'ai tout de suite appelé David, c'est à Cathy que j'ai expliqué le projet... J'ai emmené ce gamin dans les bureaux où travaillait David à Paris : il l'a reçu et ils sont restés deux heures ensemble, ils ont composé un morceau, c'était génial. J'étais super content, parce qu'il y a dix ans, c'était déjà une star, en tout cas il était déjà très connu. David et Cathy ont toujours été très occupés, ils bossent énormément tous les deux, mais ils avaient quand même pris le temps de s'occuper de ce gamin sans aucune publicité autour ; j'ai vraiment retrouvé la même personne. En tout cas, en ce qui concerne David il était le même que par le passé, cela m'a touché et marqué. Il a toujours le sourire, la passion des choses, la simplicité. De plus, toutes ses musiques sont bien faites. C'est un parcours logique et pas miraculeux, David et Cathy sont arrivés au bon moment. Derrière, il y a un vrai travail et une vraie sensibilité. Je ne sais pas si tout seul David y serait parvenu, parce qu'il y a la vitrine et ce qu'il y a dans la vitrine. En tout cas, je les voyais comme ça, ils étaient des êtres fusionnels de la nuit, de la musique...C'était un mélange de tout. Pour moi, il n'y a pas eu que David Guetta, il y a eu David et Cathy, c'était un couple, un duo, ils étaient indissociables et leur parcours me faisait vraiment plaisir comme s'ils étaient des gens qui m'étaient proches. Cela va peut-être paraître complètement idiot, mais il y a quelque temps, je le voyais lors des NRJ Music Awards, sauter comme un gamin avec ses collègues et les Black Eyed Peas. J'étais super heureux de voir qu'il y a un aboutissement ; enfin ce n'est pas un aboutissement, parce que je pense qu'il va continuer comme ça encore longtemps. »*

VII

LE SUCCÈS

Sur les marches de la gloire

Les sorties se succèdent. Le 2 mars 2008 : le troisième single extrait de l'album *Pop Life* n'est autre que le titre *Delirious*, interprété par la chanteuse britannique Tara McDonald. Le clip vidéo – David Guetta et Tara McDonald y font une apparition – met en scène une jeune femme stressée et en colère qui évacue son désespoir en jetant de la peinture sur les murs.

Le 9 juin : la quatrième compilation de *F*** Me I'm Famous* et un autre single, *Tomorrow Can Wait*, interprété par Chris Willis.

Quant au cinquième single extrait de l'album *Pop Life*, il a pour titre *Everytime We Touch*.

Grâce à cette persévérance artistique, le 25 septembre, lors de la 11e édition des DJ Awards, David obtient le titre de « meilleur DJ house ».

Histoire de démarrer positivement l'année 2009, David reçoit, avec Fred Rister, le grand prix du répertoire Sacem à l'étranger, en tant qu'auteur de gros succès mondiaux.

Fred Rister, de son vrai nom Frédéric Riesterer, né à Malo-les-Bains, est connu pour être un formidable disc-jockey/producteur. Il a collaboré à de nombreux titres de David Guetta. On lui doit notamment des hits mondiaux tels que *I Gotta Feeling, Love don't Let Me Go, Love is Gone, When Love Takes Over, Sexy Bitch* ou *Memories*… Il a également collaboré à deux titres de l'album des Black Eyed Peas.

« *David dessine les chansons comme un couturier,* explique Fred Rister. *Il sent les tendances, les sons du moment. Moi, j'apporte ma sensibilité pop, mes émotions. Humainement et professionnellement, c'est un mec que j'adore. C'est le King*[1] *!* »

When Love Takes Over

Le 21 avril 2009, sort le premier single physique *When Love Takes Over*, extrait de l'album *One Love*. L'interprète n'est autre que la belle et talentueuse Kelly Rowland, de son vrai nom Kelendria Trene Rowland, une chanteuse R'n'B, née à Atlanta le 11 février 1981. Elle a connu la gloire avec le groupe Destiny's Child, dont le succès fut colossal – plus

1. « Fred Rister, le complice nordiste de David Guetta », Olivier Pernot, *metronews.fr*, 15 mars 2012.

de 60 millions de disques vendus à travers le monde –, puis en solo – 23 millions de disques. Kelly collabore avec David sur le titre *When Love Takes Over*.

Coproduite par Fred Rister, cette chanson fera partie des dix singles les plus vendus en France en 2009. Il s'agit là du deuxième plus grand succès de David, après *Sexy Bitch*. Les premières notes du titre nous offrent l'évasion vers le soleil, la voix étincelante de Kelly Rowland nous fait voyager.

David confiera que lorsque Kelly a entendu l'instrumental du titre, elle n'a pu retenir quelques larmes. À l'écoute de la version définitive, David a lui aussi été ému par la belle voix de Kelly.

Le clip de *When Love Takes Over*, tourné en mai 2009, à Venice, près de Los Angeles, par Jonas Akerlund, met en lumière la chanteuse Kelly Rowland dans une splendide robe de soirée noire, marchant dans la rue puis sur une plage. On y découvre aussi David Guetta, vêtu d'un blouson rouge, transportant tout son matériel de DJ, avant que tous les deux se retrouvent pour une grande fête.

Le tournage du clip prendra une bonne journée. Le choix du réalisateur Jonas Akerlund est bien réfléchi, il a déjà travaillé avec David. Ils se portent une confiance mutuelle.

Kelly Rowland ne cache pas sa satisfaction : « *Quand David m'a parlé de Jonas Akerlund, l'idée même qu'il réalise le clip m'a enthousiasmée parce que je connaissais déjà le travail de Jonas. Je suis une femme, j'adore tout ce qui est en rapport avec la beauté d'une séquence. Il y a une telle créativité derrière le script ! L'idée de la chanson – comme elle est belle ! –, la façon dont notre musique rassemble les gens, sont un reflet de notre vision de* When Love Takes Over. [...] *Nous avions une très bonne équipe autour de nous, tout le monde était super et s'assurait que tout se déroulait bien. L'ambiance sur le plateau était incroyable... On a tous passé un bon moment et nous étions vraiment prêts à tourner*[1] *!* »

La vidéo du clip sur YouTube comptabilise à ce jour plus de 103 millions de vues. Impressionnant !

Quelques jours avant la sortie officielle du single *When Love Takes Over*, la maison de disques EMI a rencontré un sérieux problème, ce qui ne s'était encore jamais produit pour David Guetta : si la plupart des radios en France et à l'étranger voulaient diffuser le titre en avant-première, la major, de son côté, devait éviter qu'il ne le soit avant la date prévue. Certaines stations à l'étranger, en particulier aux États-Unis, n'ont pas hésité à télécharger sur Internet le titre de manière illégale. Une première dans le monde de l'électronique. En route pour le succès !

1. Making of davidguetta.com : http://www.youtube.com/watch?v=k6foPb51MbU&feature =related.

Le 15 juin, sort dans les bacs la cinquième compilation *F*** Me I'm Famous.*

Presque en même temps, le deuxième single des Black Eyed Peas voit le jour, *I Gotta Feeling*, produit par David et Fred Rister. Le plus gros succès commercial du groupe ! Il entrera dans le livre des records. Interviewé dans l'émission *Taratata*, Will.i.am, déclare que ce titre est le premier créé par e-mail. En effet, les voix des chanteurs du groupe furent envoyées par mail à David, qui les mixa. Cette chanson sera la plus téléchargée de tous les temps aux États-Unis : plus de 6 433 450 fois sur iTunes !

Philippe Laugier : « S'il a envie de changer de label, il est le bienvenu chez nous. »

Philippe Laugier s'occupe de la division electro sound de Barclay (Universal), où il est à la fois chef de projet et directeur artistique. Cette division signe et développe des artistes locaux (Gotan Project, Bob Sinclar, Yuksek, Émilie Simon, Yelle, Kylian Mash...) mais s'occupe également de la diffusion et de la promotion sur le marché français de projets internationaux (Mika, Cut Copy, Björk, etc.). Tous liés aux musiques électroniques au sens large du terme. Auparavant, Philippe avait travaillé pour *Boy*, dans la presse musicale spécialisée (techno, déjà), et sur Radio FG ; puis, de 1993 à 1997, au Dance Pool de Polygram.

Il se souvient : « *J'ai rencontré David Guetta alors que j'étais clubber, en arrivant à Paris en 1990. J'allais à ses soirées aux Folie's Pigalle. C'était avec Laurent Garnier, Erik Rug et quelques autres, un des premiers DJ à défendre la house dans la capitale, notamment le garage américain new-yorkais soulful et les classiques de Chicago, comme Robert Owens ou Ten City. Comme j'étais un clubber affirmé à ce moment-là, je le saluais en arrivant sur la piste et il me disait toujours bonjour en retour. On a dû se parler, puis ensuite se croiser plusieurs fois à Radio FG. Nous avons fini par travailler ensemble en 1998, pour les compilations* Scream, *que nous distribuions à l'époque via le label Pschent. J'ai beaucoup aimé ses premiers maxis. J'ai trouvé cool son premier album et très efficace le dernier. Je suis un peu passé à côté du deuxième. Les singles sont toujours des tubes, c'est indéniable, mais j'avais trouvé que le deuxième répétait un peu trop la formule du premier, plus frais avec ses influences allant de la house à l'italo disco, en passant par la pop 1980. David a su se renouveler avec de nouveaux collaborateurs pour les prod', et surtout avec un casting vocal sans faute côté featurings. Sa carrière est légitime, car c'est un travailleur acharné, un producteur doté d'un très bon sens de la direction artistique, un DJ de longue date, précurseur puis populaire. En ce moment, le fait d'apposer le nom de David Guetta sur un titre en augmente le potentiel, même si la formule ne fonctionne pas à tous les coups : par exemple, son titre pour Kelis n'a pas eu le succès mérité en France. Un timing parfait sur ses albums et un très bon relationnel avec les artistes, développé depuis des années, auront permis la rencontre entre la french touch et le R'n'B américain, ce qui semblait inévitable depuis les premières prod' electro du genre, signées Pharell (avec Neptunes) ou Timbaland.* »

Sexy Bitch

Sortie mondiale, le 28 juillet 2009 pour le deuxième single, *Sexy Bitch*, extrait de l'album *One Love*. Le succès est une nouvelle fois au rendez-vous.

L'interprète, Akon, est un chanteur à la sonorité R'n'B, également compositeur et producteur. Né à Saint-Louis, dans le Missouri (USA), Alioune Badara Thiam, dit Akon, va connaître une ascension rapide. Le titre est joué dans toutes les radios du monde, et il est classé numéro 1 dans treize hit-parades de pays différents. Au Royaume-Uni, *Sexy Bitch* se trouve en tête des ventes, avec 530 000 exemplaires écoulés. En France, il atteindra les 400 000 et se classera cinquième sur l'année 2009. Un record de plus, puisque, à ce jour, il détient aussi celui de la longévité : onze semaines en tête du Club 40, le classement officiel des meilleures diffusions de nouveautés musicales en boîte de nuit.

Bilan : 3 millions d'exemplaires vendus à travers le monde ! Même si sur le continent américain, le mot *bitch*[1], habituellement censuré dans les titres, est remplacé par *chick*[2] : *Sexy Bitch* devient *Sexy Chick.*

À ce jour, David Guetta, avec *Sexy Bitch* et *When Love Takes Over*, détient le record français, avec deux titres différents dans le hit-parade.

Le clip vidéo du single *Sexy Bitch* est tourné à Ibiza, le 30 juillet 2009. Deux versions différentes sont enregistrées, l'une pour la télévision, l'autre pour Internet.

La première, la version officielle, s'ouvre sur un billet d'avion au nom de David Guetta, suivi d'un jet qui décolle. Apparaissent des filles en bikini au bord d'une piscine, et Akon chantant sous l'eau. Jusqu'à ce que David rejoigne tout le monde. Pour le final, on se retrouve dans la fameuse boîte de nuit Le Pacha pour une soirée F*** Me I'm Famous.

La dernière scène fâchera beaucoup les autorités du Sri-Lanka, ulcérées de voir des filles en bikini danser devant une statue de Bouddha. La séquence sera interprétée comme une insulte à l'Éveillé, et donc censurée. Akon sera interdit

1. Chienne, salope, garce…
2. Nana.

d'entrée au Sri-Lanka, à la demande du gouvernement. Les autorités de Colombo refuseront au célèbre rappeur un visa touristique pour venir chanter, au motif que sa musique n'est pas « *sensible à l'héritage culturel du pays* ». Le concert Super Fest 2010 dont il devait être la vedette, sponsorisé par la chaîne privée Maharaja TV, sera annulé.

Grrr, une version instrumentale house de David Guetta, sort le 11 août 2009, sous le label Toolroom Records. Le seul single extrait de la compilation *F*** Me I'm Famous, Ibiza mix 2009*. À retrouver dans l'album *One More Love*.

One Love

Le 14 août 2009, le single *One Love*, interprété par la jolie Estelle – chanteuse et rappeuse britannique, de son vrai nom Fanta Estelle Swaray, née en 1980 –, voit le jour, en même temps que l'album *One Love* dont il est extrait.

Alors que le single n'obtiendra pas le succès escompté[1] – bien que titre phare, il sera peu présent dans les médias, radio et télévision –, l'album connaîtra, lui, un immense succès commercial : plus d'un million et demi d'exemplaires écoulés à ce jour.

1. David produira la chanson *Freak*, de l'album *One More love*, qui sortira en février 2010.

L'album français le plus vendu dans le monde pour la seule année 2009. Nommé dans la catégorie « meilleur album dance/electro » pour la 52e cérémonie des Grammy Awards aux États-Unis. Classé dès sa sortie en pole position dans dix-sept pays. Certifié triple disque de platine avec plus de 300 000 exemplaires vendus, rien qu'en France. David recevra un disque de diamant pour sa sixième place des meilleures ventes d'albums dans le monde. Chapeau l'artiste !

Pour David, cet opus fait la part belle à l'amour, à sa passion pour la musique.

« One Love, *c'est évidemment une référence à Bob Marley,* confie David Guetta. *C'est surtout une déclaration d'amour à la musique ; il y a un côté très rassembleur dans cet album. J'étais vachement content de faire une nouvelle musique.* [...] One Love, *c'est un amour qui rassemble des passionnés de musique ; peu importe d'où on vient, qui on est, peu importe notre couleur, notre provenance sociale, on est tous des passionnés de musique et on partage une expérience. Et je pense que comme nous avons fait cet album en nous amusant vraiment, ça se ressent à l'écoute. C'est un album qui rend heureux, qui redonne le sourire*[1]. »

---

1. Interview de David Guetta, MusiqueMag.com : http://www.wat.tv/video/david-guetta-interview-1xu29_2eymh_.html.

Cet album n'offre pas seulement une vision idéale de l'amour, mais aussi le mélange de deux cultures musicales, l'electro et le hip-hop. Deux mondes musicaux très différents, dont David Guetta, avec intelligence, fait naître une vague sonore inédite.

« *Je cherchais un nouveau son pour mon futur album, je me suis dit : "C'est ça, je vais essayer de faire ce pont entre deux cultures, la culture électronique européenne et celle urbaine américaine.* [...] *J'avais ce sentiment, ainsi que tous les artistes de l'album, de vraiment m'amuser, et avec l'idée qu'on sortait un peu de notre boîte. Eux sont tous dans ce truc hip-hop ou R'n'B, moi évidemment dans l'électronique. On s'est tous dit : "Voilà, on fait de la musique en s'amusant à se demander comment notre public allait le prendre"* [...] *Avec Will.i.am, on était tous les deux au studio, on venait de finir* I Gotta Fealing *et* On the Dance Floor, *qui sont sur mon album. On s'interrogeait : "Qu'est-ce qu'on est en train de faire ? Ce n'est pas de l'electro, ce n'est pas du hip-hop." Will me dit : "Ouais, c'est ça, on va appeler cela de l'electro-hop*[1]*."* »

---

1. Interview de David Guetta, MusiqueMag.com : http://www.wat.tv/video/david-guetta-interview-1xu29_2eymh_.html.

VIII

DAVID, LE NUMÉRO 1 DES RADIOS

DJ Hero

Le jeu vidéo de rythmes *D Hero* sort en octobre 2009 sur les consoles Playstation, Wii et Xbox 360. C'est une réplique de platine vinyle où il faut scratcher et faire des mixes. Il propose différents styles musicaux allant de l'electro au rock en passant par le hip-hop et la dance. Bien sûr, David Guetta est choisi pour être l'ambassadeur de ce jeu vidéo en Europe. À sa sortie, *DJ Hero* est salué comme le « *meilleur jeu du moment* » par le magazine *Rolling Stone.*

David, dans une interview, nous exprime ce qu'il ressent après avoir été choisi pour le représenter : « *En tant qu'ambassadeur européen pour* DJ Hero, *je suis ravi de pouvoir partager ma musique et mes mixes avec un nouveau public, grâce à un média dynamique.* [...] *Je trouve formidable qu'un jeu comme ça puisse rendre l'expérience DJ accessible à toute une nouvelle génération qui rêve de le devenir*[1]. »

Dans une autre interview pour le site *jeuxvideo.com*, David nous raconte plus en détail les différentes caractéristiques du jeu : « *Ce qui m'a séduit avec ce jeu, c'est ce mélange de genres entre la culture électronique et la culture hip-hop ; c'est exactement ce que j'ai fait avec mon album. Dès que j'ai vu le jeu, j'ai été séduit, épaté. D'une part, parce que c'est la même sensibilité, d'autre part, parce que c'est tellement actuel, dans la mouvance de ce qui se fait aujourd'hui.* [...] *Je trouvais assez extraordinaire qu'une compagnie qui est plus main stream (traditionnelle) soit autant dans ce qui se passe là tout de suite* [...]. *Ce qui est fantastique, c'est qu'on va pouvoir télécharger mes chansons pour pouvoir les remixer sur* DJ Hero. [...] *Si, à l'âge de onze ans, j'avais pu avoir un jeu comme ça, j'aurai été le gamin le plus heureux de la planète parce qu'à l'époque je n'avais pas les moyens de m'acheter des platines et une table de mixage* [...] *Ce qui est génial avec ce jeu, c'est qu'on a la sensation d'un DJ qui a déjà dix ans d'expérience. Ce qui s'est passé, en fait, c'est que j'ai d'abord été contacté par Activision pour* DJ Hero. *Et comme je voulais comprendre de quoi il s'agissait avant même d'avoir le jeu, je*

1. http://www.univers-consoles.com/Jeu_Actualites_DJ_Hero_Il_y_a_du_nouveau?Com=On.

me suis acheté une console et Guitar Hero. *J'ai trouvé ça génial. [...] Je ne joue pas du tout de guitare. Mais j'ai trouvé ça top, car j'ai eu cette sensation rapide et immédiate de jouer un truc qui veut dire quelque chose, sans avoir eu à jouer pendant des années ou prendre des cours de piano comme j'ai pu le faire. Je me suis dit que la démarche était sympa et que c'était vraiment musical. Parce que si vous loupez une note, ça foire ! Donc, j'ai trouvé ça super. [...] Ensuite, j'ai eu rendez-vous avec eux, et quand j'ai vu le jeu, j'ai vraiment pris une énorme gifle. Vraiment, j'ai halluciné*[1]. »

David Guetta, le DJ des radios

Le 7 décembre 2009, sort le single *Revolver*, featuring Madonna. Ce remix de David Guetta devient un véritable succès.

Nous sommes en 2010. Et le 23 janvier, David remporte aux NRJ Music Awards le « prix de l'Album international » pour *One Love*. Personne ne peut freiner le destin du DJ star. Aux Grammy Awards à Los Angeles, David et Fred Rister reçoivent le prix du « meilleur enregistrement dance » de l'année, pour le titre *When Love Takes Over*. David est

1. Extrait d'une interview de David Guetta pour le site "jeuxvideo.com".

élu, par FG DJ Radio, « meilleur DJ du monde » à l'issue d'un classement établi par le vote des internautes.

C'est sur Radio FG que David Guetta deviendra l'un des disc-jockeys résidents. Cette radio a vu le jour en 1981 sous le nom de l'association Fréquence Gaie, créée en vue d'une diffusion FM sur une bande parisienne. Les débuts seront difficiles pour la radio, puisqu'elle n'obtiendra pas le feu vert de la haute autorité de l'audiovisuel de l'époque. Une manifestation devra être organisée dans ce sens et c'est seulement en 1982 que Fréquence Gaie, après de multiples péripéties, finira par obtenir cette autorisation. Comme le nom de la radio l'indique, elle vise un public homosexuel et les programmes sont majoritairement destinés à cette communauté. Son émission phare est celle des petites annonces de rencontres animée par Jean-Luc Henning, ancien rédacteur en chef du journal *Sandwich*, un supplément de *Libération*. Profitant de la saisie par le gouvernement du matériel de la radio débridée Carbone 14 en août 1983, Fréquence Gaie obtient une nouvelle fréquence FM et passe de 96.5 sur 97.2. Très peu de temps après, Carbone 14 reprendra plus ou moins l'antenne sur sa fréquence initiale (97,2) de minuit à 6 heures du matin, via les locaux de F G.

En 1987, la CNCL (Commission nationale de la communication et des libertés), l'organisme français de régulation de l'audiovisuel de 1986 à 1989, ne renouvellera à l'association Fréquence Gaie qu'une demi-fréquence FM, toujours 97.2, partagée avec une autre radio. L'exploitation sera prise en charge par une société commerciale sous le contrôle du magazine *Gai Pied Hebdo*.

Avec un nouveau look, la radio changera de nom et deviendra Future Génération.

En Février 1990, la radio dépose le bilan, suite à de grandes difficultés financières. Grâce à l'intervention d'Henri Maurel, administrateur bénévole de l'association Fréquence Gaie, ancien directeur adjoint du cabinet d'Yvette Roudy, le CSA accorde à Pablo Rouy, président de la radio, un dernier délai prolongeant Fréquence Gaie sur le réseau de la bande FM 97,2. C'est Henri Maurel qui deviendra le nouveau président de l'association en octobre 1990. Il va habiller la radio d'une tenue différente, entouré d'une équipe plus jeune. C'est gagné, car le CSA (Conseil supérieur de l'audiovisuel) lui attribue une fréquence bande FM à part entière (94,4). Il déménage les studios pour s'installer rue Rébeval, dans le 19e arrondissement de Paris.

L'année 1992 sera une plaque tournante pour la radio, puisque le nom Fréquence Gaie change et devient Radio FG sur la bande FM 98,2. La couleur est axée sur la musique électronique, une première pour une radio. De nombreux DJ vont se succéder à l'antenne, comme Carl Cox, Laurent Garner, Jeff Mills et DJ Deep. La radio se démarque par sa qualité musicale et s'inscrit dans une référence en matière de son électronique. Au sein de cette jeune équipe, Antoine Baduel inaugure le département marketing, et Christophe Vix le département promotion et communication.

La rédaction des infos locales (Paris) sera placée sous la responsabilité de Jean-Yves Leloup et Jérôme Viger-Kohler, sans oublier Sylvain Ferel, qui gère toute la partie technique.

En 1993, la radio s'installe rue de Rivoli, locaux qu'elle occupe aujourd'hui. Son succès ne cesse de grandir ; pour preuve, son audience est en perpétuelle ascension.

En 1999, Antoine Baduel, responsable du département marketing et développement, devient directeur général. Deux ans plus tard, il s'impose au sein de Radio FG, lors des changements de statuts des sociétés. En effet, la nouvelle société aura pour président-fondateur Henri Maurel, et comme président-directeur général Antoine Baduel puis son frère, Jean-Étienne Baduel. C'est aussi l'heure de passer en catégorie D. Elle devient donc une radio nationale.

Radio FG lance une webradio qui diffusera à 100 % un programme electro house, et ceci vingt-quatre heures sur vingt-quatre. Elle édite aussi des compilations.

En 2005, FG obtiendra son premier disque d'or pour la compilation *Dancefloor FG Winter 2005*, avec plus de

140 000 exemplaires vendus. D'ailleurs, Radio FG devient, en 2007, le plus gros vendeur de compilations electro house.

Le 16 octobre 2007, les Burn FG DJ Awards récompensent les piliers de la scène DJ en France. On y trouve, entre autres professionnels, Bob Sinclar, David Guetta, Martin Solveig, Antoine Clamaran, DJ Abdel, Didier Sinclair et David Vendetta.

En février 2010, FG lance la première édition du classement FG World Top DJ, établie par 20 000 votants. L'artiste qui en ressort gagnant, sur plus de cent vingt DJ nominés, est David Guetta, élu meilleur DJ au monde.

David est depuis plusieurs années résident sur Radio FG, où il mixe dans son émission intitulée *F*** Me I'm Famous Show* les samedis soir de 21 heures à 22 heures.

Les médias ne cessent de le réclamer et les radios jouent ses titres en boucle. Il est devenu une référence absolue. Bien évidemment, la radio NRJ est aussi sur le coup. Cette radio privée française créée en juin 1981 par Jean-Paul Baudecroux et Max Guazzini est aujourd'hui la radio la plus écoutée de France. David Guetta fait très souvent partie de la programmation musicale.

Les hits de David Guetta sont aussi fréquemment diffusés sur Fun Radio, la radio au son dancefloor.

Dario, un des anciens célèbres animateurs de Fun Radio, nous raconte David Guetta : « *J'ai rencontré David plusieurs fois lors de mes émissions de radio et de télévision. Je l'ai aussi côtoyé en tant que DJ, car nous avons joué ensemble lors d'évènements divers. La première fois, je crois que c'était il y a très longtemps. Je faisais une interview de Carl Cox pour une émission TV, et c'est David Guetta, alors boss des Bains à Paris qui, le recevant dans son club, me l'avait présenté et m'avait accueilli pour réaliser l'interview. En tant que DJ, il est devenu une star et une sorte de leader, le chef de file de toute une génération de jeunes qui, aujourd'hui, veulent devenir DJ à leur tour. Il a su créer sa place, installer son univers, et c'est le plus important pour un artiste !* [...] *David, je le connais depuis longtemps, bien avant qu'il ne devienne la star d'aujourd'hui. C'est toujours intéressant de rencontrer des artistes de talent.* [...] *Il est toujours celui qu'on voit dans les médias, c'est comme un gosse qui s'éclate. Au sens noble du terme, évidemment. Il a encore cette flamme, cette passion qui le pousse à vivre à deux cents à l'heure, à parcourir la planète.* [...] *Il faut quand même savoir que c'est quelqu'un qui a décidé, à un moment de sa vie, de stopper toutes ses affaires commerciales, ses clubs, ses entreprises, pour se consacrer exclusivement à son métier de DJ, sa vraie passion.* [...] *Il a installé quelque chose, un mélange, une mixité qui manquait. L'alliance et la réconciliation de la black music et de la dance européenne. C'est fort.*

Beaucoup de ses sons sont en train de devenir des classiques. Bien joué ! [...] *La première fois que j'ai mixé avec lui, c'était le 31 décembre 2005, au Dock à Marseille, je jouais en ouverture, suivi de David Guetta et Bob Sinclar. Très belle soirée devant 6 000 personnes.* [...] *On se connaissait déjà, donc tout a été plutôt cool.* [...] *Je ne pense pas qu'on doive obligatoirement se comparer à quelqu'un. C'est le mauvais choix et la mauvaise stratégie. Il faut surtout se dire : "Je dois installer mon univers et faire comprendre au public mon envie." Dans ce sens, David Guetta comme Bob Sinclar sont des modèles, comme les Daft Punk à une époque.* [...] *Le plus important n'est pas de durer, mais d'exister et de rester dans la mémoire. Je pense qu'il a déjà fait ce qu'il fallait. Bravo !*[1] »

C'est aussi l'occasion pour Mathieu Chabaud, animateur sur Fun Radio, d'évoquer David Guetta : « *Personnellement, je pense que David Guetta est le symbole d'un succès mérité. C'est un homme qui s'est construit de A à Z. Il s'est battu pour arriver là où il est aujourd'hui. Il est devenu le DJ que tout le monde s'arrache, car il a le don de pouvoir créer des surprises et des succès musicaux à la chaîne. En collaborant avec des artistes différents (Black Eyed Peas, Ne-Yo, Akon) il arrive toujours à mettre sa patte tout en gardant l'esprit musical des artistes. D'ailleurs on ne dit plus "David Guetta travaille avec*

1. Entretien avec l'auteur, 2015.

X", mais "tel artiste a demandé à David Guetta..." Il a réussi le passage si difficile d'artiste connu à artiste reconnu. Depuis le départ, le nom de David Guetta fait référence à la fête, aux soirées tropéziennes, aux plus grands clubs du monde et à Ibiza, bien sûr ! Sa musique fait transpirer, transcender et vibrer les foules. Elle est souvent en avance sur son temps et permet à des artistes de revenir sur le devant de la scène. Je pense en particulier à Kelly Rowland, qui s'est refait un nom en solo, depuis la séparation des Destiny's Child. [...] *Il faut bien dissocier sa carrière de DJ, c'est-à-dire derrière les platines dans des boîtes ou dans des stades (c'est un des rares à remplir des stades), de celle d'homme de musique qui collabore avec d'autres artistes et sort des albums.* [...] *En tant que DJ, il continuera sa carrière longtemps, mais cela lui impose un rythme de vie qu'il lui faudra certainement alléger un jour.* [...] *En revanche, il a bien géré sa carrière de DJ producteur. Vu les artistes qui collaborent ou qui ont collaboré avec lui, il pourrait dès maintenant, s'arrêter de faire des shows et se contenter d'être en studio. En tout cas, perso, je pense qu'on n'a pas fini d'entendre à la radio, la télé et partout dans le monde, le nom de David Guetta.* [...] *David a été l'un des premiers à nous rejoindre (avec une campagne de pub le liant à Rihanna).* [...] *De plus, lorsque vous regardez la programmation de plus près, bon nombre de tubes que nous jouons sont de, ou avec David :* Akon feat. David Guetta–Angel ;

Black Eyed Peas feat. David Guetta ; Flo Rida feat. David Guetta, *etc.* […] *Les auditeurs nous demandent tout le temps des titres de David Guetta… Et ce qui est marrant, c'est qu'ils demandent tous les jours des titres différents… Il y a des jours, ce sont les derniers mis à l'honneur, et puis de temps en temps ils nous demandent en masse ses "anciens" tubes. David Guetta est une valeur sûre*[1] *!* »

---

1. Entretien avec l'auteur, novembre 2015.

IX

ONE LOVE

Memories

Memories est l'un des titres incontournables de l'album *One Love*. L'accouchement s'est fait de façon assez exceptionnelle, dans un avion, entre Paris et Los Angeles. Le chanteur et rappeur américain Kid Cudi, de son vrai nom Scott Ramon Seguro Mescudi – né le 30 janvier 1984 – tomba sous le charme de la mélodie dès qu'elle lui fut présentée.

Comme convenu et décidé par Kid Cudi, le titre fut enregistré dès le lendemain. Le single sortit le 11 janvier 2010 et, comme d'habitude, le succès fut au rendez-vous. Une fois de plus, David Guetta ne s'était pas trompé. La mélodie originale entraînante et le timbre grave de Kid Cudi en firent un tube !

Composé par Fred Rister et David, *Memories* entrera dans le Top 5 des ventes en Belgique, en République tchèque, en Australie, en Finlande, aux Pays-Bas, en

Nouvelle-Zélande, en France et en Irlande. Au total, il demeurera quatorze semaines dans les différents hit-parades.

Le clip, réalisé par Keith, enregistré le 4 janvier 2010 à Miami, sortit officiellement le 9 février 2010. À ce jour, il a comptabilisé sur YouTube plus de 126 millions de vues.

Mais David Guetta ne l'a jamais aimé : « *C'est une catastrophe, c'est ma casserole absolue. Je n'avais pas beaucoup d'expérience ; dès qu'il y avait une caméra, j'étais très mal à l'aise. J'en avais un peu marre d'être aux platines, de donner la même image. Je me retrouve aux côtés de Kid Cudi qui est un rappeur mais aussi un acteur ayant une forte présence devant la caméra ; moi je me sens ridicule à côté de lui. À chaque fois que je vois ce clip, je ne suis pas bien*[1]. »

Le 19 mars, à Mexico, David reçoit un disque d'or pour le succès de *One love*. Quelques jours plus tard, il obtient cinq récompenses à la Winter Music Conference de Miami.

Gettin'Over You

Le cinquième single de l'album *One Love* sort le 12 avril 2010. On y retrouve plusieurs collaborations étonnantes avec Chris Willis, Fergie (des Black Eyed Peas) et les

1. Interview de l'équipe de nuit, Radio Scoop, 28 janvier 2016.

LMFAO, un groupe américain dance pop composé de deux artistes, Sky Blu et Red Foo. Créé en 2006, il connaît un véritable succès mondial.

De ce mélange de différentes personnalités naît un cocktail inédit. Le clip vidéo, réalisé par Rich Lee, sera enregistré le 18 mai 2010. Plus de 146 millions de visites sur YouTube. Un triomphe !

David a déjà travaillé avec Fergie, il a produit une chanson pour son groupe. Dans une interview pour MTV, il se dit impressionné par la performance de Fergie dans son nouveau clip : « *Je n'ai pas de mots pour décrire tout ça. C'est sûr, ça va être ma meilleure vidéo.* [...] *J'avais l'air complètement stupide, je craignais totalement. Elle, c'était tout l'inverse.* »

David Guetta moissonne les récompenses. La plateforme de son site Internet reçoit le Adobe Site of the Day Award. Le 18 mai, lors des World Music Awards, il est sacré « meilleur DJ du monde », et se voit gratifié d'un prix spécial pour son travail en tant que producteur de musique.

Un mois plus tard, sort dans les bacs la sixième compilation *F*** Me I'm Famous*.

Who's that Chick ?

Who's that Chick ? est un titre extrait de la réédition – intitulée *One More Love* et sortie le 29 novembre 2010 – de l'album *One Love*. Il est interprété par la chanteuse internationalement connue, Rihanna, de son vrai nom Robyn Rihanna Fenty, née le 20 février 1988 à la Barbade. Une artiste complète qui a vendu des millions de disques. Neuf semaines suffiront pour écouler 1,3 million de singles de la chanson. En janvier 2011, deux versions inédites et officielles du clip seront proposées : une pour la nuit et une pour le jour. Le single sera disque d'or en Australie, en Espagne, en Allemagne et au Royaume-Uni, disque de platine en Nouvelle-Zélande, et double disque de platine en Australie.

Dans la frénésie David Guetta

One More love reprend les chansons phares de l'album *One Love*. D'autres titres y ont été ajoutés, comme *Who's That Chick ?* par Rihanna, et *Grrr*. Ainsi que quelques remix tels que *Memories, Sexy Bitch* et *Missing You*.

On the Dancefloor en featuring avec Will.i.am et Apl.de.ap, sixième single de *One Love*, sera élu meilleure chanson de l'année par les internautes du Twitter de David Guetta.

En 2010, David Guetta est accusé de plagiat. Il aurait usurpé le titre *One* du groupe Swedish House Mafia. Un peu avant la sortie mondiale de *One*, Swedish House Mafia jouait le morceau à Ibiza… David serait tombé sous le charme. Apparemment, notre DJ aurait fait du forcing pour avoir le titre dans sa dernière compilation, mais Swedish House Mafia aurait refusé. David aurait alors repris la mélodie en changeant quelques notes. Résultat : *50 degrees* voit le jour et se retrouve sur sa compilation *F***Me I'm Famous.*

Coïncidence ou pur plagiat ? SHM ripostera, non sans humour, par une interprétation à l'envers de la chanson, et un clip en forme de clin d'œil assassin à l'adresse de David Guetta et de ses soirées.

Un autre DJ, le Suisse Christopher S., accuse le roi du dancefloor de plagiat, lorsqu'il découvre que *Titanium*, le titre de David Guetta, est la copie conforme de sa chanson *Deymien*, sortie un an auparavant… L'affaire ne connaîtra pas de suite.

Pluie de récompenses dès le 22 janvier 2011 : les NRJ Music Awards décernent à David le prix Hit de l'année, pour son titre *Club can't Handle me*, et un disque de platine pour son succès international. Il décroche également le NRJ Music Awards d'honneur.

De l'autre côté de l'Atlantique, à Los Angeles, il obtient le Grammy Award du « meilleur remix d'un enregistrement non classique » pour le titre *Revolver*, chanté par Madonna, réalisé en duo avec Afrojack.

Afrojack : « Je t'aime toi, grosse frite française, et prends le temps de dormir ! »

Né le 9 septembre 1987, Nick van de Wall, devenu Afrojack, est un excellent disc-jockey, producteur de musique house. Il collabore avec les plus grands noms tels que Pitbull, Beyoncé et, bien sûr, David Guetta avec qui il sort en 2010 *Lunar, Toyfriend, Louder than Words, I Just Wanna Fuck, The Future.*

Afrojack nous livre son témoignage concernant David : *« Nous nous sommes rencontrés pour la première fois à Miami durant la WMC (Winter Music Conference), vraiment cool. C'était déjà un artiste à succès. Chaque fois que nous avons joué dos à dos aux Pacha Ibiza et Pacha Miami, il est resté sympa et accessible.* [...] *Quand nous jouons ensemble, nous devenons un peu fous parfois et faisons des loops en essayant de créer un nouveau titre sur l'instant, avec juste des lecteurs CD ! En dehors du fait qu'il soit le DJ le plus populaire et le plus connu au monde, il est comme une famille pour moi, nous prenons soin l'un de l'autre Ses tubes sont des versions pop de house française, sa musique club est la plus mixée de l'histoire.*

Je joue ses a capella *chaque fois, ainsi que tous nos titres en collaboration, son remix de* Flashback, *de Calvin Harris, et quelques autres non commercialisés qu'il m'a envoyés. Son succès tient parce qu'il est énorme et hors du commun, et fait de la super musique. Mon message pour David : "Je t'aime toi, grosse frite française, et prends le temps de dormir*[1] *!"*

David Guetta au summum

Keenan Cahill, vingt et un ans, atteint de la maladie de Maroteaux-Lamy, est ce qu'on appelle une star du Web. Il devient célèbre en postant sur YouTube des vidéos où il reprend en play-back des chansons de nombreux artistes comme Katy Perry, Black Eyed Peas ou encore Mickael Jackson… Très vite, le buzz le dépasse, au point que 50 Cent – alias Curtis James Jackson III – s'invite dans sa chambre pour chanter avec lui devant sa webcam. Fasciné par le jeune garçon, David Guetta enregistre avec lui une petite vidéo en studio, diffusée sur YouTube dès le 24 janvier 2011 ; elle dépassera les 35 millions de vues.

S'il est proche de son public et sait se rendre accessible, Guetta n'en oublie pas pour autant ses objectifs et enchaîne les collaborations. Le 1er avril 2011, le single *Sweat Remix*

1. Entretien avec l'auteur.

atterrit dans les bacs, chanson originale du rappeur américain Snoop Dogg remixée par David avec le sample de *Don't You Want Me*, de DJ Felix. Le remix figure aussi dans l'album de David *Nothing but the Beat*, et sortira en single le 4 mars 2011. Ce dernier album recèle d'autres succès, comme *Where Theme Girls At* qui sortira le 2 mai 2011. On y retrouve le chanteur Flo Rida, et la chanteuse Nicki Minaj qui collaborera aussi sur le titre *Turn Me On*.

Dès sa sortie, *Where Them Girls At* connaît le succès et se classe en tête des charts de plusieurs pays. À l'origine, cette chanson devait être interprétée par Flo Rida seul mais David a demandé à Nicki Minaj, rencontrée un peu après, de participer à l'enregistrement. C'était compter sans la concurrence : des hackers obtiennent la version *a capella* de la chanson et créent leurs propres arrangements, qu'ils diffusent sur le Net. Victime de ce piratage, David décide de faire appel à un spécialiste de la sécurité informatique du Pentagone.

Dans une interview pour la BBC, il explique ce qui s'est passé : « *C'est vraiment fou, ça ressemble à un film, mais c'est vrai. Habituellement, dans un studio, il y a une connexion Wi-Fi pour que l'ingénieur et l'artiste puissent s'envoyer des pistes à travailler. Et eux* [les pirates] *sont à l'extérieur, dans une voiture.* [...] *Je ne réponds plus à ce genre de mails mais, un jour, alors que je travaillais avec Usher, j'ai reçu un mes-*

sage de son ingénieur. Il est impossible pour une personne normale de connaître le nom de l'ingénieur d'Usher. Le mail disait : "Hey, c'est moi, j'ai besoin que tu télécharges les voix de ce morceau." » Une fois en possession du code, ils s'introduisent dans votre ordinateur. L'artiste Akon a vu son album entier piraté et diffusé sur le Net… Il a dû refaire un nouvel album. C'est ce qui est arrivé pour le titre de Nicki Minaj et Flo Rida.

Quelque temps après, le 2 mai 2011, apparaît la version officielle. Suivie du clip quelques semaines plus tard, le 28 juin. On peut y voir des bulles qui volent dans les rues de Los Angeles… Dès que l'une d'entre elles éclate, les personnes se trouvant à proximité se mettent à danser de manière incontrôlable. Tout ceci est orchestré par notre disc-jockey prodige, qui gonfle les bulles avec sa musique…

Au même moment, le 17 juin 2011, arrive la septième compilation *F*** Me I'm Famous*. Dix jours après, le titre *Little Bad Girl* est commercialisé.

David enchaîne sorties et promotions. Il participe le 15 juillet à la 20e édition des Vieilles Charrues, festival organisé depuis 1992 à Carhaix, en Bretagne, accueillant des artistes de tous horizons. Il joue ce soir-là devant 50 000 personnes !

Loin de tout cela, c'est dans l'ombre, que David prépare activement la sortie de son nouvel album, *Nothing but the Beat*, son plus gros succès commercial.

Incontestablement, sa réussite agace et David Guetta n'échappe pas aux rumeurs. En juillet 2011, une terrible nouvelle se propage sur Twitter et Facebook, selon laquelle il serait mort dans un accident de voiture très violent, sur « *la Route 80 entre Roswell et Morristown* ». Il s'agit, bien sûr, d'une très mauvaise plaisanterie, lancée par le site Internet *Fake-a-Wish*, coutumier du fait à l'égard de nombreuses célébrités.

X

NOTHING BUT THE BEAT

Nothing but the Beat

David se prépare à sortir son prochain album, pour cela il présente plusieurs singles promotionnels.

Vient d'abord, le 15 août 2011, *Lunar*, une chanson créée avec Afrojack. Un autre single promotionnel est révélé le 22 août, *Night of your Life* en featuring avec Jennifer Hudson. Sept jours plus tard, pour le plus grand bonheur des fans, l'album complet tant attendu de David Guetta arrive dans les bacs sous le label Virgin Records (EMI) : *Nothing but the Beat* voit le jour. Il est composé de deux disques, l'un consacré à des co-productions avec des artistes internationaux, l'autre exclusivement instrumental et complètement différent du « style Guetta ».

David a voulu une nouvelle fois montrer sa capacité à créer des styles underground.

C'est ensuite le single *Without You*, en collaboration avec Usher, qui sort le 27 septembre 2011 aux États-Unis, le 21 octobre 2011 en France. Un succès !

« *Ma première expérience avec Usher m'a vraiment marqué*, raconte David Guetta dans une interview pour Trace Urban. *Je lui ai dit qu'honnêtement, jusqu'à maintenant, je ne saisissais pas ce que cela voulait dire "être chanteur", du moins à ce niveau-là. Comme je suis producteur, j'ai naturellement un peu plus de respect pour les gens qui composent, parce que c'est mon truc. Usher, il peut écrire un peu. Mais, l'interprétation qu'il peut donner d'une chanson qu'on lui propose est vraiment dingue. Ce n'est pas un hasard*[1]. »

Le succès appelle le succès. Le 20 octobre, dans le cadre de l'Amsterdam Dance Event, David est reconnu comme le « meilleur disc-jockey du monde », suite à un classement après sondage du magazine britannique *DJ Mag*.

Titanium, voit officiellement le jour en décembre 2011. Ce titre est interprété par la chanteuse Sia. Succès, quand

1. « David Guetta : Usher est le chanteur le plus impressionnant en studio », Trace Urban. http://www.jukebox.fr/david-guetta/clip,pour-david-guetta-usher-est-le-chanteur-le-plus-impressionnant-en-studio,x5l3m8.html.

tu nous tiens ! David aborde avec cette chanson le sujet de la force intérieure. Le clip vidéo, qui sort le 16 décembre, met en scène un jeune garçon aux pouvoirs surnaturels. Pour la première fois, un clip de David Guetta sans plage ni filles dénudées, sans dancefloor ni paillettes !

« *Au moment de* Titanium, *si incroyable que cela puisse paraître, Sia voulait arrêter le métier*, se souvient David Guetta dans une interview pour Radio Scoop. *Je l'ai vraiment suppliée du contraire. Je suis aussi producteur et je ne mets pas forcément mon nom sur les morceaux, comme pour Ariana Grande dont j'ai fait le titre* One Last Time. *Mais les gens ne le savent pas toujours. Avec Sia, on travaillait tous les deux en studio pour écrire des chansons pour une autre artiste ; et quand j'ai entendu le titre, je ne voulais plus le donner. Sia m'a dit : "Mais qui vas-tu faire chanter dessus ?". J'ai répondu : "Il faut que ce soit toi." Après ça été extraordinaire !* [...] *Quand je travaille en studio avec Sia, j'essaie de prendre du recul et de ne pas me laisser influencer et charmer par sa voix au moment de l'écriture. C'est super important qu'il y ait une mélodie imbattable... mais Sia, elle peut chanter n'importe quoi, on a toujours l'impression que c'est extraordinaire.* [...] *Pourtant, elle a un vrai problème avec la notoriété, la scène, le monde... elle n'aime pas du tout ça et c'est pour cela qu'elle ne voulait travailler qu'en studio quand je l'ai rencontrée*[1]. »

David ajoute dans un entretien pour *DJ Mag*, en 2014 : « *Ma relation avec Sia, c'est vraiment une belle histoire. Avant de collaborer avec moi, le grand public ne la connaissait pas mais elle avait une excellente critique dans la presse spécialisée. Elle s'apprêtait à arrêter sa carrière d'artiste quand nous nous sommes rencontrés. Je l'ai suppliée de chanter elle-même* Titanium. *Sa condition, c'était de ne pas faire de promo, mais je lui ai dit que ce n'était pas grave car j'étais sûr que ça allait cartonner quand même. À la base, il faut savoir que l'on écrivait* Titanium *pour quelqu'un d'autre. Et puis j'ai préféré le garder pour mon album, avec sa voix, et ça a changé ma carrière.* Titanium *a été un tournant pour moi car il arrivait après toutes mes collaborations plus urbaines. Et pour Sia, ça a été un déclic énorme, qui lui a même redonné le goût du chant. Depuis ce tube, c'est l'une des artistes qui a le plus de succès, et figure parmi les chanteuses les plus respectées*[2]. »

David Guetta enchaîne avec une nouveauté, *Turn Me On*, interprétée par la rappeuse Nicki Minaj. C'est le cinquième single extrait de son album. Il sortira d'abord aux États-

1. Interview par l'équipe de nuit, Radio Scoop, 28 janvier 2016.
2. Entretien avec Ludovic Rambaud – *DJ Mag*, 17 novembre 2014.

Unis, le 13 décembre 2011 – pour se classer quatrième au *Billboard* et premier au classement Dance US –, en France le 30 janvier 2012, le clip vidéo le lendemain, presque un an après le tournage, en novembre 2011.

Tristan Garner : « Tous les DJ actuels lui doivent énormément. »

Le disc-jockey et producteur parisien, repéré en 2005 par Antoine Clamaran, nous raconte : « *J'avais croisé David à plusieurs reprises, lors de soirées où nous avions des amis communs, mais la vraie rencontre date de juillet 2010 lors de sa soirée F*** Me I'm Famous, à Ibiza. Je pense qu'il y a une grande différence entre l'image du people bling-bling, exhibée et imaginée par les médias, et l'homme simple et naturel qu'il est au quotidien.* [...] *Aujourd'hui, David a su passer le cap du DJ pour devenir une pop star. Tous les DJ actuels lui doivent énormément, il est le premier à avoir montré qu'ils n'étaient pas de simples pousse-disques au fond de cabines de discothèque lugubres, mais avant tout des artistes qui méritent autant de reconnaissance qu'un chanteur ou un groupe de rock.* [...] *David a joué un grand rôle dans mon choix de carrière. Il y a dix ans, il est venu jouer dans ma ville, à Nice, pour un concert en plein air. Ça a été un véritable choc ! Le voir réussir à fédérer autant de gens uniquement par sa musique m'a fasciné ! Aujourd'hui, c'est un plaisir de le* *rencontrer, et je garderai toujours en mémoire cet épisode.* [...] *Sa musique a franchi le cap du format purement discothèque pour s'adapter à un format radiophonique plus global. Ses morceaux ne s'inscrivent pas dans les sonorités de mon répertoire, mais je les apprécie musicalement.* [...] *Si je ne cherche pas forcément à l'imiter en matière de son, car je veux surtout imposer ma propre marque de fabrique, j'aimerais bien sûr l'égaler en termes de succès !* [...] *Travailler avec lui serait un vrai plaisir. De la même manière que la nouvelle génération française de DJ-producteurs s'est beaucoup inspirée de lui, je pense qu'il a, lui aussi, beaucoup à gagner en collaborant avec nous.* [...] *Comme il s'est affranchi de l'image du DJ pour jouer dans la cour des pop-stars, il est soumis aux critères et tendances de ce marché.* [...] *Beaucoup de rumeurs courent sur le fait qu'il n'est pas musicien. Pourtant, en studio, il donnerait des leçons à beaucoup de ses détracteurs.* [...] *Sa carrière est la résultante de trois choses : le travail, la passion et une communication aboutie.* [...] *Je ne joue pas beaucoup David en soirée, car ma sélection est plus underground. En revanche, il ne se passe pas un soir sans que le public ne le demande, c'est dingue !* [...] *Un grand merci pour le déclic dans ma vie. Et maintenant qu'il est au sommet et n'a plus rien à prouver, je lui souhaite juste d'en profiter.* »

Coca-Cola c'est ça !

Nous sommes en 2012, le 28 janvier. À l'occasion des NRJ Music Awards, David dévoile la bouteille collector « David Guetta feat Coca-Cola ». En effet, la célèbre marque de soda souhaite offrir une nouvelle image à son produit fétiche.

Pour le visuel, David reprend la pochette de son album phare, *Nothing but the Beat*, le tout sur fond rouge, cher à Coca-Cola, en aluminium pour briller dans le noir. En édition limitée elle sera vendue toute l'année, dans les magasins Monoprix, pour un prix variant de 1 à 1,5 euro.

« La Club Coke est notre bouteille destinée aux lieux spécifiquement actifs la nuit, tels que les bars et les discothèques, ainsi qu'à une enseigne de la grande distribution, Monoprix, explique Florence Paris, de Coca Cola France. *Cible privilégiée : les jeunes 16-24 ans.* [...] *Depuis plus de cent vingt-cinq ans, l'ADN de la marque Coca-Cola est naturellement associée aux petits moments de bonheur. Pour qu'un artiste musical soit identifié pour devenir partenaire de notre Club Coke, nous vérifions que ses valeurs sont liées à l'optimisme, univers proche de Coca-Cola. C'est pour cela que nous avons toujours le souci de ne travailler qu'avec des artistes qui plaisent à nos jeunes publics et qui donnent envie de danser ! Tels Mika, Justice, Daft Punk et*

maintenant David Guetta. Nous avons un autre critère de sélection : il faut que l'artiste en question ait son propre univers artistique : or & argent pour Daft Punk, la notion de featuring pour Guetta. [...] *David Guetta est un artiste iconique de la jeune génération, qui fait danser des millions de personnes à travers le monde. L'association s'est spontanément présentée à nous, c'est l'artiste incontournable de l'année 2012. Ajoutons que la Club Coke est une initiative française, portée par un artiste de renom français, et la boucle est bouclée : Coca-Cola et David Guetta, la rencontre de deux icônes !* »

Dans cette même interview du 13 avril 2012, Florence Paris ajoute : « *David Guetta a dessiné notre Club Coke 2012, il a réalisé le clip de trente minutes qui dévoile la bouteille, mais il est aussi notre partenaire tout au long de l'année.* [...] *Nous avons révélé le design de la bouteille Club Coke David Guetta à l'occasion des NRJ Awards en janvier 2012. Ce samedi 7 avril Coca-Cola était partenaire du concert évènement de David à Bercy et nous avons pour l'occasion dévoilé le coffret collector. Les 17 000 fans venus voir leur idole sont tous repartis avec un exemplaire collector.* [...] Nothing but the Beat *et Club Coke sont deux signatures phares, modernes, qui cartonnent auprès des jeunes et mettent en avant une passion commune : la musique !* [...]

David Guetta est déjà partenaire de notre boisson Burn Energy Drink[1]. »

Wynter Gordon : « Il m'a aidé à construire ma propre histoire. »

Diana Gordon – c'est son vrai nom– est une chanteuse et compositrice américaine née le 25 août 1985. Chez Atlantic Records, prestigieux label américain, elle signe *Sugar*, coécrit et interprété avec Flo Rida. Elle coécrit également avec David Guetta *Toyfriend*, figurant sur l'album *One Love.*

Wynter nous livre ses sentiments sur David : « *J'ai rencontré David au studio, lorsque nous avons enregistré* Toyfriend. *Il a décidé de me donner une chance après avoir écouté ma mixtape et ma version de* Love is Gone. [...] *Quand je suis entrée dans le studio, il était assis devant son ordinateur. Puis il m'a vue, m'a accueillie chaleureusement et nous avons commencé à travailler. Il m'a fait écouter beaucoup de ses nouveaux titres, ainsi que des morceaux sur lesquels il collaborait avec d'autres artistes, en particulier les Black Eyed Peas, bien longtemps avant que* I Gotta Feeling *ne sorte.* [...] *Dans l'ensemble, il m'a beaucoup impressionnée. Nous avons bossé sur la chanson, il m'a laissé y poser des*

1. Interview très stratégique de Florence Paris, *Darkplanneur.com*, 13 avril 2012.

mots, peu importe ce que je trouvais, puis il les a arrangés. [...] *Nous avons essayé beaucoup de choses sur* Toyfriend, *il a choisi ce qui était le plus efficace. David était présent pendant toute la session d'enregistrement. Il était très animé. David est très exalté en studio.* »

Et ça continue...

Alors que les succès s'enchaînent et que David est de plus en plus visible, une nouvelle fait grand bruit sur la toile, relayée par tous les réseaux sociaux : David Guetta prend sa retraite. Évidemment, c'est faux. Mais d'où cette annonce est-elle venue ? Peut-être d'une phrase prononcée par David au cours d'une interview : « *Tout est devenu tellement énorme avec la musique électronique que je pense qu'il est temps pour moi de faire de plus petits projets.* » Cette déclaration, mal interprétée, a vite fait le tour du monde, envoyant David Guetta vers une retraite anticipée et non désirée.

Mais il n'en est rien et David continue de nous surprendre.

Le single *The Alphabeat*, sort le 26 mars 2012. Quelques jours plus tard, le DJ donne un concert exceptionnel à Paris-Bercy, salle de spectacle mythique s'il en est du 12e arrondissement. Un show époustouflant, dans le cadre du Nothing but the Beat Tour, qui durera deux heures et demie. 17 000 fans sont venus ovationner le DJ le plus célèbre du monde. Il commence le spectacle avec *Sweat*, avant d'enchaîner avec *Gettin'Over You*… D'autres succès suivront, comme *Love is Gone* ou *Memories.*

Dans le même temps, Renault met sur le marché un nouveau modèle de voiture, la Twizy. Publicité oblige, une vidéo s'impose. Elle fera du bruit, grâce à la musique : David Guetta a prêté l'un de ses titres, *The Alphabeat*. C'est la deuxième collaboration de David avec la marque au losange, après la promotion de la biplace.

Seule ombre au tableau : le succès mitigé du single *I can only Imagine*, sorti le 4 mai, interprété par Chris Brown et Lil Wayne, toujours extrait de *Nothing but the Beat.*

Cela n'arrête pas notre musicien qui présente le 2 juillet la huitième compilation de *F*** Me I'm Famous.*

L'été est là et David Guetta renouvelle son contrat avec sa maison de disques EMI ; il en profite pour sortir son premier single *She Wolf (Falling to Pieces)*, interprété par Sia Furler, extrait de l'album *Nothing but the Beat 2.*

Vingt ans d'amour

Depuis des années, le couple Guetta offre à Ibiza une renommée internationale, propulsant la petite île en tête des lieux incontournables pour les amateurs de fêtes. Pour la plupart des mortels, le nom des Guetta est irrémédiablement lié à cette petite station balnéaire. Quoi de plus logique pour le couple que de fêter ses vingt ans de mariage dans ce lieu paradisiaque qui les a vus grandir ?

Le 28 août 2012, les deux amoureux se disent à nouveau oui devant un parterre d'invités triés sur le volet. Accompagné de leurs deux enfants, Tim Elvis et Angie, le duo a organisé la noce sur la terrasse d'un restaurant en bord de mer. Et, même si David, smoking et nœud papillon, et Cathy, robe blanche courte, ne sont pas du genre à redouter la scène, face à l'importance de l'événement, le stress se fait tout de même sentir. Devant l'homme d'église, les tensions s'apaisent pour laisser place aux sourires, sous les yeux émerveillés de leurs enfants et invités.

Arrivés à bord d'un voilier, ils débarquent sur un ponton décoré de ballons de baudruche formant la phrase « *Cathy-David 20 years love* ». *Belle, belle, belle*, fut la cérémonie, magique dans sa simplicité, alliant complicité et humilité. Il fallait bien marquer vingt longues années de bonheur. L'été avait débuté avec l'ouverture d'un de leur club F*** Me I'm Famous, au sein de l'aéroport d'Ibiza… La saison se terminait en beauté.

Car c'est sans doute cela la « recette Guetta », à la vie comme à la scène : de la passion, de l'audace et de l'honnêteté, autant d'ingrédients qui imposent David Guetta comme une des figures mythiques de la musique electro. Sentiment partagé par le chanteur Big Ali.

Big Ali : « Nous avons passé de très bons moments ensemble. »

Big Ali, le disc-jockey et rappeur américain, qui a participé à de nombreux succès avec Jean Roch, Bob Sinclar, Magic System et Amine, se souvient : « *On s'est rencontrés en 2000, c'était un ami du DJ LBR, il était à l'époque manager aux Bains Douches. La première fois que j'ai entendu sa musique, DJ LBR m'a donné sa démo avant même qu'il n'ait signé. Il m'a demandé si j'appréciais, car il voulait signer chez EMI ; je lui ai dit : "I love it !" David se présente comme un entrepreneur. Lui et Cathy sont arrivés à amener un petit concept tel que F*** Me I'm Famous à quelque chose de gigantesque. Sa musique est un nouveau classique, c'est frais, et en même temps très simple. Les DJ joueront encore du David Guetta dans dix ans sans aucun problème !* »

Nothing but the Beat 2

Le 5 septembre 2012, David sort son deuxième single *Play Hard*, en collaboration avec Ne-Yo et Akon, extrait de l'album *Nothing but the Beat 2*. Ne-Yo est un chanteur et parolier américain né le 18 octobre 1982. Il collabore avec David Guetta sur le titre *Choose*, interprété par Kelly Rowland et extrait de l'album *One More Love*. Rappelons que c'est Kelly Rowland qui a mis David et Ne-Yo en relation, ce que David a raconté avec joie sur les ondes de Génération 88.2, le 8 juin 2009 :

« *Avec Kelly, on travaillait ensemble au studio, quand un jour elle y a amené Ne-Yo. Celui-ci a adoré la chanson de Kelly et m'a dit : "Tu n'as pas une autre instru avec toi ?" C'était le début de l'album et je venais de faire un truc sur mon ordinateur portable dans l'avion, mais ce n'était pas fini. Je lui fais écouter le truc – le mec c'est juste un génie !* [...] *Le temps que le titre soit fini, il avait déjà écrit la chanson. À la fin, il me dit : "Branche ton micro, on y va." J'ai halluciné, c'était vraiment fou. Le mec, ça s'appelle un génie, il n'y a pas d'autres mots... Et on a enregistré ensemble. Parallèlement, il y a Will.i.am qui m'a appelé en me demandant de produire des titres pour l'album des Black Eyed Peas... ce que j'ai fait*[1]. »

Le 10 septembre 2012, *Nothing but the Beat 2* voit le jour. C'est une réédition du précédent album d'août 2011. On y retrouve des chansons phares telles que *Titanium, Little Bad*

1. David Guetta au micro de Génération 88.2, 8 juin 2009 – http://www.youtube.com/watch?v=-RRBN1Aq06I.

Girl, Without You, I Can only Imagine ou *Where Them Girls At*, ainsi que de nouveaux titres. *Just One Last Time* est le dernier single extrait de cet album, interprété par Taped Rai, sorti le 15 novembre 2012 sous le label Virgin Records. La chanson est écrite par David Guetta, Giorgio Tuinfort, Tom Liljegren et Alexander Ryberg.

David enchaîne les succès à un rythme effréné, présent sur toutes les radios, animant des concerts à guichets fermés ; tel une tornade, il soulève tout sur son passage. En septembre 2012, il avait évoqué pour *Le Parisien* son rythme de vie peu ordinaire : « *Cela fait quatre ou cinq ans que je n'arrête pas une seule seconde. Je prends un avion tous les jours. Je me réveille, je fais de la musique, je décolle, je fais un concert, je rentre. Je n'ai pas vu de films, pas lu de livres. Je regardais les journaux au décollage, c'est le seul moment où je ne pouvais pas faire de musique sur mon ordinateur. Je ne sais pratiquement rien de ce qui s'est passé depuis cinq ans.* »

Une vie déchaînée ? Cela fait des années et des années que David s'enivre de ce métier. « *Je suis DJ depuis l'âge de dix-sept ans et je n'ai jamais voulu être un artiste maudit dans ma cave.* [...] *J'étais un peu l'illuminé de la famille.* [...] *J'ai grandi dans un environnement où l'argent n'était pas bien vu, où l'on ne pouvait pas toujours s'acheter ce que l'on souhaitait. Et cette frustration m'a donné envie de vivre les choses autrement.* »

Malgré sa réussite, il est victime de beaucoup de médisances. « *Ce sont des ploucs qui n'y connaissent rien, ils ne savent pas ce qui m'est arrivé. Pendant des années, ça m'a fait mal. Pour caler le rythme de deux morceaux, cela me prend trois secondes parce que je fais cela depuis trente ans. Une vidéo a circulé cet été montrant mes boutons de volume baissés. Mais c'était dans un festival, sur la dernière chanson, lancée d'un autre lieu, synchronisée avec un feu d'artifice*[1]. »

Mais ce travail acharné paie, et le public, soutenant sans relâche le DJ, sait faire taire les médisances.

Alexandre Billard : « Chaque fois que nous jouons du David Guetta, c'est la folie sur la piste ! »

Disc-jockey résident pendant deux ans du VIP Room (Paris, Saint-Tropez et Cannes), Alexandre Billard témoigne : « *J'ai rencontré David Guetta à plusieurs reprises : la première fois au Papagayo, à Saint-Tropez, c'était à mes débuts dans ce club. C'était déjà fantastique, alors mixer à son côté… le rêve ! David Guetta est vraiment une référence pour moi, je m'inspire beaucoup de lui sur ma ligne de conduite. Côté business, il est excellent. Et en tant que DJ, il est de ceux qui font qu'aujourd'hui ce métier est vraiment reconnu. En un*

1. « David Guetta : Je prends un avion par jour », Emmanuel Marolle, *Le Parisien*, 13 septembre 2012.

mot, je dirais que David Guetta est le référent de la nuit. [...] *Le fait d'avoir eu la chance de le rencontrer m'a motivé pour atteindre mes objectifs jusqu'au bout. Le personnage en lui-même ne se prend pas la tête. Il a su se démarquer des autres et se faire rare, tout en sachant rester accessible lors de ses prestations. Il est peu fréquent de trouver des interviews de David, même si le personnage hante les médias. Sa musique est vibrante, adaptée à tous les styles de soirées. Il a su allier sonorités underground et voix mélodieuses, un mélange qui marche à chaque fois ! Un style à part, un hip house, mélange de hip-hop et de house.* [...] *En tant que producteur, beaucoup de morceaux dits hip house ont été signés et produits par David Guetta (Taio Cruz, Rihanna...) Le phénomène David Guetta est le fruit des efforts qu'il a menés avec sa femme et ses équipes durant toutes ces années. La nuit est un dur métier, souvent pris pour un jeu, qu'il a su exploiter au maximum tout en observant une stricte rigueur de travail.* »

Alexandre Billard nous livre une anecdote : « *Cela remonte à 2006, l'hiver après notre rencontre au Papagayo, à Saint-Tropez. On se retrouve par hasard au Discom, avec la même doudoune Adidas multicolore mode 1980. En me croisant, il me sourit et me dit : "Rappelle-moi, tu es bien DJ ?" C'est sûr qu'en étant DJ résident au VIP Room, ensuite au Baroque à Genève, je me devais de rester "club". Quand on regarde les charts, on se doit de jouer du David Guetta. Outre ses titres produits avec les Black Eyed Peas, ou encore Rihanna, il est évident que David Guetta est la référence des morceaux club. Les gens demandent régulièrement du David Guetta et, en effet, à chaque fois que nous le jouons, c'est de la folie sur la piste*[1] *!* »

1. Entretien avec l'auteur.

XI

UN SUCCÈS POPULAIRE

Du côté de chez Cathy

Pendant toutes ces années, Cathy a, de son côté, multiplié ses activités avec passion et, elle aussi, avec succès. Elle a d'ailleurs écrit un ouvrage retraçant l'histoire de sa vie, *Bains de nuit*[1].

La jeune femme a aussi créé un nouveau parfum, *Ibiza for Men*.

L'imagination de Cathy est telle qu'elle organise, le samedi 5 juillet 2008, un grand spectacle pour la soirée Unighted by Cathy Guetta, au stade de France, réunissant 45 000 personnes. Elle y a fait venir des disc-jockeys internationaux, dont Carl Cox, Tiësto, Martin Solveig, Joachim Garraud et, bien sûr, son époux. Cathy Guetta donne le coup d'envoi du show en survolant le stade de France en hélicoptère.

1. Fayard, 2008.

Fière du succès de cette première édition, Cathy, réitère l'expérience Unighted, en 2009, au même stade de France. Malheureusement, quelques semaines avant l'évènement, son père décède. Et, grande dame, c'est avec beaucoup d'émotion qu'elle dédie la soirée à son cher papa et à Michael Jackson. Deux personnalités qui comptent dans le cœur de la belle. Le public est bien présent et la fête, comme toujours, à son paroxysme. Maîtresse de cérémonie, Cathy fait son entrée sur une moto, suivie par les danseuses.

L'année suivante, le samedi 7 août 2010, c'est à Nice, au stade Charles-Ehrmann, que Cathy décide d'organiser la troisième édition d'Unighted. Cette grande soirée sera mixée par Martin Solveig, David Guetta, Tiësto, et Laidback Luke. Cathy s'en réjouit d'avance : « *Comme tout évènement national et français, il était normal que nous délocalisions Unighted dans le sud de la France, à Nice. Parce que la capacité au sol est l'une des plus importantes, je crois, de tous les stades de province. On va pouvoir danser au milieu de 40 000 personnes ! Ça, c'est important pour moi… Parce qu'il est vrai que danser sur le dance floor et danser dans une tribune, ce n'est pas la même ambiance, ce n'est pas la même énergie… On n'est pas vraiment dans l'action de la même manière, et il est important pour les gens de se trouver proches, d'avoir de la proximité avec le DJ.* »

Dans l'intimité de sa vie, Cathy est une femme comme les autres, qui aime regarder le *Grand Journal* de Michel Denisot, ainsi que les reportages télévisés tels qu'*Envoyé spécial, Complément d'enquête, Enquête exclusive*... Elle préfère le journal télévisé de LCI au *20 Heures* des autres chaînes, car son fils n'est pas encore couché et, en bonne maman protectrice, elle ne veut pas lui montrer des images traumatisantes. Cathy n'éteint pas la télé avant 3 ou 4 heures du matin... Il faut dire qu'avec leur emploi du temps surchargé, le couple ne commence à la regarder que vers 22 heures, et doit se contenter d'émissions politiques. C'est David qui tient la télécommande ! Et dès que ça l'ennuie, il zappe, avec tout de même la courtoisie de demander l'autorisation à sa bien-aimée. Ils sont aussi fans de séries télévisées telles que *24 heures chrono, Desperate Housewives* ou *Grey's Anatomy*. Hors de question pour eux de regarder les épisodes l'un sans l'autre.

Cathy est aussi une maman attachée à ses deux bambins, très responsable, qui les éduque de manière irréprochable. Se couchant très tard, elle se réveille à 10 heures. À 11 heures et demi, elle récupère son fils aîné à l'école pour déjeuner. L'après-midi, Cathy travaille à son bureau et rentre vers 19 heures pour dîner en famille.

Une vie comme les autres. Ou presque. Et lorsque, le soir, elle veut sortir, elle attend que les enfants soient couchés.

À l'école, les autres mamans considèrent Cathy comme une femme « bohème ». Certaines tentent de l'approcher pour savoir si elle est une bonne mère. Elle donne, au travers des médias, une image de paillettes, de rêve, d'insouciance et de fêtes. Le show-biz a une image négative auprès d'une grande partie de la population.

Les Guetta star évitent de gâter les enfants, réserve les cadeaux pour Noël et les anniversaires. Leur apprendre la valeur de l'argent est important pour leur évolution.

Le couple dure et rien ne freine leur amour… L'explication de Cathy concernant cette constance vient du fait qu'elle a su attendre quinze ans de vie de couple avant de devenir mère.

Elle explique clairement que de nombreuses femmes ont des enfants de plus en plus tôt, avec un homme dont elles ignorent la personnalité. Cathy a raison, et avec David, elle a pris le temps nécessaire pour observer, analyser, comprendre.

Aujourd'hui, elle connaît avec précision l'homme de sa vie. Le couple a vécu un véritable amour en toute conscience. Pour Cathy, il est capital d'établir cette communion intellectuelle entre l'un et l'autre, et avoir un enfant parfait cette union. Leur couple est basé aussi sur la séduction, sur l'envie et l'admiration. Dieu sait à quel point elle admire son mari, et inversement. Aussi, hors de question de se laisser aller ! Cathy entend rester belle et fraîche comme au premier jour de leur amour.

Lorsqu'elle vendra ses établissements, Cathy, jalouse du succès de son homme de cœur, fera une petite dépression, mais cette période difficile dans la vie de la belle Sénégalaise s'effacera rapidement.

Il ne faut pas oublier que c'est en partie grâce à la contribution intelligente de son épouse que David a pu gravir les échelons et devenir ce qu'il est aujourd'hui.

Chewing gum

Cathy Guetta nous prouve une fois de plus son sens des affaires en créant, en 2011, la société publicitaire My Love Affair, en collaboration avec Raphaël Aflalo. Le couple Guetta a voulu s'attaquer à un marché encore en développement : le placement publicitaire dans les clips.

« Il y a un an exactement, au mois d'août dernier, Cathy et David Guetta étaient en Corse où je passais moi aussi mes vacances, commente Raphaël Aflalo, fondateur de My Love Affair. *Ils organisaient une soirée dans le club La Via Note. Il*

y avait un monde fou. J'avais déjà vu pas mal de choses sur David Guetta, notamment qu'en l'espace de quelques mois, il était passé de 12 millions à 23 millions de fans sur Facebook. Une vraie puissance sur les réseaux sociaux. Je l'ai tout simplement contacté via une connaissance commune pour lui proposer un rendez-vous. Nous nous sommes vus le lendemain et nous avons discuté des marques et de la musique, du potentiel qu'ils avaient à créer leur propre structure... et l'aventure était lancée[1] *!* »

David fut l'un des premiers à inaugurer son entreprise en signant un magnifique contrat avec la marque Renault. La Twizy, véhicule écolo du groupe au losange, apparaîtra dans le clip de son tube *Where Them Girls At*. Ensuite dans *The Alphabeat* et *Play Hard*. Belle publicité pour Renault puisque David Guetta rassemble 45 millions de fans sur Facebook !

Autre contrat en poche : avec le groupe Mondelèz International. David Guetta devient la nouvelle égérie des chewing-gums Hollywood.

En juillet 2014, la marque a ainsi mis en place un jeu-concours dont le grand gagnant a eu le privilège d'apparaître dans une vidéo de David Guetta. Baptisée

1. Interview par Maxime Barbier, www.minutebuzz.com, 20 Juillet 2011.

#ShowYourFreshFaces, l'opération invitait les internautes à poster une photo d'eux, armés d'un chewing-gum et affichant leur plus beau sourire. Les cinquante selfies recensant le plus de likes remportèrent le lot.

Avec un ambassadeur de cette envergure, il va sans dire que les participants furent nombreux et déterminés. David Guetta a suscité l'engouement des fans pour le jeu-concours et, par voie de conséquence, pour la marque.

David Guetta est actuellement le seul disc-jockey français à avoir une renommée internationale. Talentueux, orignal et audacieux… Les adjectifs ne manquent pas pour résumer au mieux l'artiste populaire qu'il est devenu. Il est parvenu à faire danser des millions de personnes à travers le monde. Une performance qui demande beaucoup de travail, mais pas seulement. Il faut aussi avoir ce petit côté génial que seul David possède. Toujours soucieux de satisfaire son public, il a rassemblé autour de lui rappeurs américains comme adeptes des musiques des années 1980.

Son talent et sa personnalité lui ont valu de nombreuses récompenses et nominations ; il est en tête des artistes les plus suivis sur Spotify. Un exploit !

Lorde vs David Guetta

Nombreux sont les artistes qui se bousculent au portillon pour apparaître aux côtés de David Guetta. Pourtant, il existe certains réfractaires à ce genre de collaboration comme la jeune Lorde, propulsée en tête des charts grâce au succès surprise de son titre *Royals*.

Selon le site *FasterLouder*, David aurait souhaité convier la chanteuse sur un morceau, avant même que son single *Royals* ne devienne un hit mondial. Hors de question pour la jeune femme, qui aurait répondu à son manager de façon catégorique : « *Non. Put**n non. Il est tellement dégoûtant.* »

Suite à cette déclaration, David Guetta ne restera pas silencieux. Lors d'un entretien téléphonique accordé au *Huffington Post*, il affirmera ne pas l'avoir contactée et réfutera le fait de l'avoir invitée sur une de ses chansons : « *Je crois que ma maison de disques l'a fait, mais franchement, je n'ai pas vraiment de commentaires à faire là-dessus.* »

One Voice

David Guetta avait dévoilé le film de sa nouvelle chanson *One Voice*, en collaboration avec l'interprète Indie Mikky Ekko, le 26 septembre 2013. Quelques jours plus tard était sorti le single qui faisait partie de la campagne humanitaire de l'ONU, nommée pour l'occasion *The World Needs More.* Pour soutenir ce projet, les internautes furent invités à poster un simple mot sur Twitter accompagné du hashtag *#theworldneedsmore* ; le but étant évidemment de toucher le plus grand nombre de personnes dans le monde et de récolter le maximum de dons. Pour chaque tweet contenant ce hashtag un dollar était versé pour aider les victimes du typhon Haiyan aux Philippines et de la guerre en Syrie.

Un succès en or !

On apprend, par le magazine *Forbes*, que David Guetta est troisième au classement des disc-jockeys les mieux payés du monde en 2013, après Daft Punk. David a de l'avenir et, surtout, une notoriété que certaines stars de la chanson française doivent lui envier. Il a vu sa popularité gagner crescendo le monde entier, notamment les États-Unis. Il a vendu plusieurs centaines de milliers de copies de *One Love*, également de son dernier album *Nothing but the Beat.* Fort de cette grande notoriété, il a empoché pas moins de 30 millions de dollars en 2012, soit 21,9 millions d'euros selon le magazine *Forbes*. David pèse aujourd'hui des millions d'euros.

En 2014, il offre un sympathique cadeau au disc-jockey suédois Avicii, qui va accroître d'avantage encore la notoriété de celui-ci et de son titre *Addicted to You*. En effet, David Guetta en signe un remix. Sur son compte Vevo (YouTube), ce titre vraiment efficace, destiné aux clubs, affiche au bout de trois jours déjà plus de 400 000 vues. Le pari est donc réussi !

Dans cette frénésie de succès, David Guetta coécrit et produit *Fashion !*, issu du quatrième album studio de Lady Gaga, *Artpop*. Pourtant, la célèbre chanteuse internationale n'avait jamais travaillé avec lui. Mais dans une interview pour *MTV News* datant de décembre 2011, David ne cache pas son envie de collaborer avec la diva du dancing : « *Écoutez, je suis prêt, vous n'avez qu'à lui demander ! Ce serait super. C'est vraiment un génie en matière de création. L'autre fois je lui ai encore dit que son dernier clip était étonnant. J'aime beaucoup les personnes créatives. Évidemment, elle est vraiment étonnante.* »

Il compose et produit également quelques titres pour le huitième album studio de Britney Spears, *Britney Jean*, sorti en décembre 2013.

Tsugi – « prochain » en japonais – est un mensuel indépendant spécialisé dans la musique électronique, arrivé sur le marché le 13 juillet 2007. Pas question pour la rédaction de se priver de l'incontournable David Guetta, elle en fait le héros d'une de leurs bandes dessinées.

Joint à l'occasion de l'écriture de cet ouvrage, Ludovic Rambaud, rédacteur en chef à *djmag.fr* s'exprime sur David : « *Je travaille dans le milieu du DJing depuis 2001, ce qui coïncide avec les premiers faits marquants de la discographie de David.* [...] *À cette époque, il commençait déjà à faire du bruit à Ibiza avec son concept de soirée F*** Me I'm Famous, et ses premiers morceaux coproduits avec Joachim Garraud y recevaient un bon accueil. Notre première rencontre remonte donc à 2002 sur l'île, lors de l'un de ses sets au Pacha.* [...] *David Guetta a un parcours qui force le respect. Il a su être patient et déterminé pour parvenir à se faire un nom.* [...] *Il a surtout réussi à toujours bien s'entourer, en particulier lorsqu'il a décidé de sortir ses propres disques. David a été l'un des premiers à comprendre que le DJ et la dance music avaient un large potentiel auprès du grand public, et que cela passait aussi par le travail de son nom et de son image.* [...] *La réussite de ses premières productions, sur lesquelles il a, de suite, pris le risque de faire chanter Chris Willis (qui a une voix assez atypique), l'a beaucoup aidé à se développer.* [...] *Le Pacha Ibiza a été une rampe de lancement idéale pour promouvoir tous ses projets directement auprès de* *personnes influentes du petit monde de la musique et du clubbing. [...] David est donc un exemple de réussite, même s'il ne représente pas forcément la définition du DJ à laquelle j'adhère totalement. [...] L'aspect business de sa carrière et le choix de cibler le grand public en faisant des concessions sur la sincérité artistique sont des faits contestables à mes yeux. À cet égard, il ne représente pas l'ensemble des DJ, alors qu'il aurait pu devenir un vrai fer de lance crédible aux yeux de tous. Ce qui se passe aujourd'hui, avec le recul, c'est un peu tout le contraire. [...] À l'époque de nos premières rencontres, David n'avait pas du tout le statut qu'il a acquis par la suite. Ce qui m'a surpris, c'est le contraste saisissant entre son caractère et sa réussite professionnelle. Je crois que c'est un éternel adolescent, qui s'émerveille de choses très simples. Sa gentillesse peut même parfois sembler un peu naïve, mais elle ne l'a apparemment jamais trahi. [...] Foncièrement, je ne pense pas que David ait beaucoup changé. Ce qui a changé, c'est tout ce qui se passe autour de lui et l'ampleur que son succès a prise au niveau international. [...] Les sollicitations dont il fait l'objet et la rentabilité de son métier n'ont pas vraiment modifié ses traits de caractère, sauf qu'il est devenu très susceptible. [...] En tant que magazine spécialisé, nous parlons de David depuis une grosse quinzaine d'années et nous avons suivi la progression de sa carrière. À chaque actualité, nous étions les premiers à en parler. Nous avons joué un rôle important, car pendant de longues années, aucun média (autre que spécialisé) ne parlait des DJ (lui y compris). Nous étions un peu les seuls.* [...] *Depuis la fin des années 2000, les choses ont bien changé et tous les médias donnent de l'exposition aux DJ, et à David bien sûr, qui est le plus sollicité. Alors, en parallèle, les articles sur David Guetta dans notre magazine ne sont plus perçus de la même manière et, à l'image de sa carrière, divisent beaucoup les lecteurs. Notre cœur de cible a même tendance parfois à rejeter les articles qui lui sont consacrés, certainement parce qu'il a aujourd'hui une vraie surexposition, et que ça amène à une certaine saturation au niveau de tous ceux qui ne font pas partie de sa fan base.* [...] *Son succès n'est pas menacé, étant donné que la dance music, en partie sous son impulsion, n'a jamais été aussi populaire que de nos jours. Et quand on voit tous les pays émergents (et même les États-Unis) qui découvrent avec enthousiasme ce style musical, on peut facilement penser que son succès est bien parti pour de longues années. Les plus grands artistes sont à sa disposition, les marques se l'arrachent, le business n'a jamais été aussi rentable... Je pense donc que le succès ne va pas retomber de sitôt, surtout quand on a son carnet d'adresses.* [...] *Mais en matière de musique, seul le public peut faire et défaire le succès d'un artiste. Espérons donc pour lui que la jalousie qu’il suscite de plus en plus ne prendra pas le dessus sur sa popularité. David a aussi un avantage, c’est qu’il est apprécié et respecté par la majorité des DJ producteurs qui suivent ses pas et aspirent à atteindre son niveau de popularité, avec les efforts et la part de chance que cela sous-entend.* [...] *Le phénomène David Guetta, c’est une combinaison de plusieurs éléments et un bon timing. La principale explication étant qu’il a compris avant les autres le potentiel commercial du DJing et de la dance music à l’échelle internationale.* [...] *Je l’avais fait jouer dans un petit club à Rouen en 2004, pour une soirée à l’effigie de notre magazine. Nous avions fait le trajet ensemble en train avec son agent. Je me souviens que son agenda commençait sérieusement à se remplir et il m’en parlait avec un enthousiasme vraiment adolescent, comme s’il ne comprenait pas ce qui se passait. En fait, il commençait tout juste à être happé par la spirale infernale du succès, et il semblait tellement peu prêt ! Pourtant, on voit avec quel brio il a su accepter toutes les concessions que cela représente.* [...] *Qui peut juger de la légitimité d’une carrière, si ce n’est le public ? Un artiste ne vit que par l’intérêt qu’on lui porte. Dans le cas de David, qui a connu toutes les étapes du métier de DJ et de directeur artistique de club, on peut franchement dire que la légitimité est inhérente à son succès. Quand on a trente ans de carrière, qu’on a connu les balbutiements du métier de DJ et les galères, et qu'on se retrouve ensuite propulsé sur le devant de la scène, c'est que le succès a été légitime. Aujourd'hui, David est le plus gros vendeur de disques, l'artiste français qui s'exporte le mieux et le DJ le mieux payé au monde. S'il génère autant d'intérêt et de cash, c'est bien parce qu'il est légitime aux yeux de tous ceux qui le payent et qui consomment sa musique ! »*

XII

L'AMOUR SE MEURT

Des rumeurs à la réalité

Mars 2014. L'annonce tombe comme un couperet : Cathy et David divorcent. Aussitôt, la nouvelle fait le tour du web. Tout le monde en parle. De son côté, *Le Figaro* titre : « *Divorce de David et Cathy Guetta : la fin d'un empire ?* » *L'Express* évoque « *la fin d'une équipe gagnante* ». Quant au *Parisien*, il annonce : « *Les rois de la nuit divorcent.* » Au cœur de cette tourmente médiatique, Cathy et David s'enferment dans le silence, laissant vivre les commentaires sur les réseaux sociaux.

Mais dans la nuit du 23 mars, Cathy Guetta dément, de manière indirecte, ces rumeurs de divorce. Sur son compte Twitter, suivi par plus de 50 000 internautes, elle poste plusieurs messages depuis Los Angeles, La Nouvelle-Orléans et Las Vegas. Elle y cite deux fois son « *mari* ». Elle écrit : « *J'étais avec mon mari David vendredi pour sa tournée. Las Vegas était génial !* » ou « *À La Nouvelle-Orléans, David était fantastique.* » Elle poste aussi une photo prise depuis les coulisses d'un club. On peut y voir David Guetta, derrière les platines, se retourner en adressant un regard complice à sa femme. Plusieurs baisers accompagnent ce message. Finalement, il n'y a aucune raison de s'inquiéter, le couple Guetta va bien. Les fans vont pouvoir dormir tranquilles.

De son côté, David sort deux autres titres destinés aux connaisseurs, principalement à la scène underground : *Shot Me Down* (feat. Skylar Grey) et *Bad* (feat. Showtek). Ils doivent lui permettre d'effectuer son retour dans les clubs avant l'arrivée d'un vrai single pour les radios. Mais avec David, rien ne se passe comme prévu… Les deux titres, créés avant tout pour soulever les foules et les faire s'enthousiasmer sur les dancefloors, entament une carrière radiophonique avant d'être propulsés parmi les dix meilleures ventes. Peu de temps après, David réitère avec *Blast Off* qui, à l'instar des deux précédents, se charge de mettre en lumière les talents d'un artiste méconnu, le disc-jockey australien Kaz James. Le morceau est uniquement disponible sur *beatport.com*.

Malgré les succès qui s'enchaînent, en août 2014, une annonce vient contrarier les fans du disc-jockey. Et malheureusement, cette fois, ce n'est pas une rumeur…

L'information est avérée : Cathy et David, couple emblématique du monde de la nuit, se séparent. Après avoir voulu balayer les bruits de couloir ironisant sur un éventuel divorce, le couple ne peut plus se cacher. Comme chantait Jean-Louis Aubert, *Voilà, c'est fini.*

Après les messages de Cathy sur les réseaux sociaux démentant toute éventuelle rupture, le couple entre dans un profond silence radio. Lors de la publication de son classement annuel des disc-jockeys les mieux payés du monde, *Forbes* confirme leur séparation en toute discrétion : « *En mars* [David Guetta] *a divorcé de Cathy Guetta, sa femme depuis vingt-deux ans et sa partenaire de business de longue date* », pouvait-on lire.

Mais c'est dans le magazine *Paris Match* que Cathy confirme la nouvelle : « *Avec David, nous traversions une crise de couple, comme beaucoup peuvent en connaître après vingt-cinq ans de vie commune et vingt-deux de mariage. La publication d'articles d'une certaine presse a été d'une violence inouïe, pour mes enfants, pour ma famille, pour David et pour moi. Cette période a été extrêmement difficile, nous avons essayé d'y faire face. Aujourd'hui, nous avons décidé de nous séparer.* »

C'est donc bien fini ! Le couple Guetta fait désormais partie du passé, mais c'est avec une certaine émotion que

Cathy se souvient de la révélation qu'ils avaient eue lorsqu'ils avaient découvert Ibiza : « *En 1992, l'île appartient à tout le monde sauf aux Français. Nous décidons avec David d'y transposer notre réussite parisienne. Grâce aussi au succès musical de David et à ma passion pour le show et la mise en scène, nos soirées sont devenues incontournables et ont attiré les clubbers du monde entier…* [1] »

Le mystérieux livre jamais publié par Monique Guetta

Le divorce du couple mythique a surpris la terre entière qui les croyait inséparables. Tout n'était pourtant pas parfait dans la famille Guetta. Et cela depuis des années. Nous le révélons ici en exclusivité à travers le récit d'un éditeur parisien qui devait publier un livre, DJ , écrit par Monique Guetta : *En 2009, un ami commun me met en contact avec la maman de David Guetta. Lors de notre rencontre, elle me dit qu'elle aimerait publier un livre sur son fils et sa belle-fille, donc le couple Guetta. En discutant avec elle, je comprends que son objectif est d'envoyer un message à sa belle-fille qui l'aurait, selon elle, éloignée de son fils et de ses petits-enfants. Elle voulait aussi raconter l'enfance et l'histoire de son fils. Elle pensait que David aurait pu faire des études poussées puisqu'il vient d'une*

1. *Paris-Match*, 19 août 2014.

famille intellectuelle et qu'il avait des prédispositions. Mais elle s'est assez vite rendue compte que sa passion pour la musique l'emporterait et plus précisément pour le monde du clubbing. Le livre devait s'appeler DJ. Je trouvais le projet intéressant parce que Monique Guetta révélait des éléments inédits sur le parcours de David, sur la précocité de sa vocation. Par ailleurs, la relation intime du couple qui paraissait fusionnel à l'époque était très médiatique. Il était rare d'écouter un point de vue différent sur ce couple. Je me souviens qu'elle m'avait présenté Cathy Guetta comme une beauté sauvage qui était arrivée dans la vie de David comme un boulet de canon et qui l'avait métamorphosé, transformé. Elle m'avait laissé entendre qu'elle lui avait fait découvrir l'amour avec un grand A. Elle était assez impressionnée par le personnage de Cathy, elle me disait : Elle n'est pas du tout de notre milieu, ce n'est pas du tout une intellectuelle, elle n'a pas beaucoup de culture générale... En revanche, elle a une espèce d'instinct animal, elle est intelligente et a pris une place importante dans la vie de David. Donc je signe le projet. Quelques mois plus tard, elle m'envoie un début de manuscrit qui ne correspond pas du tout au livre qu'on devait faire. C'était plutôt une autobiographie. On y apprend qu'elle est psychologue, qu'elle s'offre des périples dans Paris pour faire des rencontres... Le texte est entrelardé de poèmes. Dans ces premiers chapitres, il y a peu de choses sur David Guetta. Je lui explique que ce n'était pas ce dont nous avions convenu. Elle retravaille le texte et un mois plus tard, me le renvoie. Mais le récit est toujours dans le même esprit que le précédent. Là, je ne comprends pas. Elle finit par me dire : J'ai parlé avec David, on s'est mis d'accord pour que je ne publie pas ce livre. Nous avons donc mis un terme à ce projet. Pour elle, cet ouvrage devait aussi être une déclaration d'amour à ses petits-enfants. C'était quelque chose de joli et d'important. Dommage que cela n'ait pu se faire.

Dangerous

Malgré ce changement de vie, il faut tout de même continuer à avancer. Le 6 octobre 2014, David dévoile son nouveau single, *Dangerous*, enregistré avec le chanteur américain Sam Martin ; co-écrit avec Giorgio Tuinfort, Martin, Jason Evigan et Lindy Robbins ; produit par ses soins et ceux de Martin et d'Evigan. La chanson, qui marque aussi le démarrage du sixième album de David, n'est pas sans rappeler un titre de Michael Jackson.

David a toujours été un grand admirateur de Michael Jackson. Il avait d'ailleurs publié sur sa page Facebook deux photos de lui, l'une avec l'album *Thriller* et l'autre en compagnie de Quincy Jones. Il raconte que, petit, il a appris à mixer en utilisant *Billie Jean* ; avant d'ajouter : « Thriller *était et reste l'un des meilleurs albums de tous les temps et Michael Jackson, le plus grand performeur de tous les temps.*

Je n'aurais jamais pu imaginer qu'un jour je pourrais danser dessus avec Quincy Jones, l'homme qui est derrière ces beats. Nous nous sommes rencontrés à Los Angeles, ici, juste avant qu'il soit joué[1]*…* »

Tout ce que touche David Guetta se transforme en or et, une nouvelle fois, *Dangerous* devient un tube.

David Milles : « Il est vraiment un modèle pour moi. »

David Milles, disc-jockey, gagnant de la Fun DJ Selection, nous parle de David : « *J'ai rencontré David Guetta à deux reprises. Notre première rencontre en 2009 était particulière, puisqu'il était juré avec Bob Sinclar et Martin Solveig, pour un énorme concours de DJ organisé par une grosse radio nationale rassemblant plus de 25 000 participants.* […] *Ce soir-là, nous étions cinq finalistes issus des quatre coins de France, rassemblés pour la finale au sein d'un grand club parisien plein à craquer ; toutes les télévisions étaient présentes, le gratin des DJ français également, et bien sûr David Guetta en star du jury. Nous nous sommes retrouvés en coulisse dans un petit endroit exigu, juste avant d'être présentés sur scène.* […] *Les trois membres du jury étaient presque aussi stressés que nous, sûrement parce qu'ils se mettaient à notre place. Ils nous donnèrent*

1. http://mjfrance.com/actu/post/2016/03/05/Pour-David-Guetta,-Michael-Jackson-est-le-plus-grand-performer-de-tous-les-temps…/4597.

quelques conseils et nous souhaitèrent bonne chance. David Guetta se montra extrêmement simple. Le personnage est exactement tel qu'on le voit dans les médias, quelqu'un de toujours étonné de ce qui lui arrive et c'est ce qui fait qu'il reste simple malgré les sollicitations mondiales, c'est un amoureux de la musique électronique, de ses fans… Vraiment, il ne pense qu'à donner. [...] *David Guetta est en avance, tout le monde l'imite. Il déniche les sonorités qui vont marcher. Et, techniquement, il est très fort, il retourne les foules et les rend hystériques. C'est le meilleur.* [...] *Sa musique est à la pointe, c'est un précurseur, tout le monde aime Guetta, les vieux, les jeunes, c'est du jamais vu. Les stars de la pop se l'arrachent pour qu'il leur produise des titres.* [...] *J'ai mixé avec lui pour un nouvel an à Tignes, devant plus de 15 000 personnes. J'ai fait sa première partie et après, quand il est arrivé pour prendre les platines, il m'a parlé comme un DJ parle à un autre DJ, du genre : "Tu l'as déjà passé, ce morceau ?"* [...] *Il m'a considéré comme son égal. De même, quand j'ai repris les platines, il est venu avec moi sur la table de mixage pour mettre des effets, comme pour s'amuser simplement entre DJ, encore une fois très simplement. Pourtant, ce qu'il fait en ce moment c'est du jamais vu… Juste, respect ! J'aimerais travailler avec lui sur un projet musique, c'est évident, mais c'est impossible, je ne suis pas au même niveau. Il travaille avec des personnes en qui il a vu un certain potentiel. Dans la production musicale, moi, je débute complètement. [...] Ce qu'il a fait ces dernières années est impensable. Et avec son dernier album, il a été très loin, accumulant les records de vente dans tous les pays et travaillant avec les plus grandes stars. Cela va être très dur de faire mieux. [...] David travaille énormément et cumule les dates partout dans le monde. C'est très fatigant de voyager, de ne pas dormir. C'est un éclaireur, il lance les modes et donne une très bonne image de la France. [...] Il y a eu beaucoup de rumeurs à son propos. Des mauvaises langues dans le milieu des DJ disent que ses shows sont préparés, qu'il ne mixe pas, mais fait semblant. Certaines personnes n'aiment pas le personnage. Cela a le don de m'énerver, je n'arrive pas à comprendre comment on peut voir du mauvais chez un artiste qui ne fait que proposer de la musique et donner du plaisir au public. Mais c'est comme ça, plus on a de notoriété, plus on a de détracteurs. [...] Mon message pour lui ? J'aimerais lui dire qu'il est un vrai modèle pour moi.* »

XIII

LISTEN

Un sixième album

En novembre 2014, David Guetta est de retour avec son sixième album, *Listen*. Pour l'occasion, il s'est renouvelé tout en conservant la recette qui a fait son succès. Entouré de pointures telles que Nicki Minaj, Sia ou John Legend, il a créé un ouragan de fraîcheur grâce à son premier extrait *Lovers on the Sun*, enregistré avec Sam Martin et produit par le talentueux Avicii. Dans un esprit dance, le titre a fait sensation avec ses sifflements, son univers western et un refrain qui dynamite l'atmosphère. Une ambiance que l'on retrouve sur le disque *Yesterday* (feat. Bebe Rexha).

Dans cet album figurent aussi *Dangerous*, encore avec Sam Martin, qui a fait un véritable carton, et *What I Did for Love*, avec la voix d'Emeli Sandé, coécrit par Alicia Keys qui fait la part belle au piano. Sans oublier *No Money*

No Love, Sun Goes Down et le duo avec Sia, *Bang my Head.*

Par ailleurs, David est à l'origine du succès de *Lift Me Up*, enregistré avec Nico & Vinz, et il retrouve Nicki Minaj pour *Hey Mama.* Il est partout afin d'assurer la promotion de son nouvel album *Listen* car selon lui, c'est un disque « *différent* ». Et pourtant, il semble appliquer la même recette que pour le précédent, *Nothing but the Beat...* à quelques exceptions près.

David n'en revient pas, dépassé par son succès lors de la sortie de *Listen*, il écrit sur son compte Twitter : « *Ce matin quand je me suis réveillé, mon album était numéro un dans vingt-cinq pays dont aux États-Unis. Wow !!!!!* »

Même succès, tout aussi mérité au Royaume-Uni où il a présenté son disque, quelques jours plus tôt, sur le plateau de l'émission *The X Factor*, en jouant *What I Did for Love.*

En décembre 2014, la promotion est cette fois assurée d'une façon pour le moins inattendue. C'est sur Canal + que David Guetta bénéficie d'un coup de projecteur... à son insu ! L'émission humoristique *Made in Groland* annonce la mise en vente de son nouveau projet. À cet effet, le disc-jockey français est renommé « David Feta ». *« Il est dans notre vie ce que le 29 février est au calendrier français : il revient tous les quatre ans, et on ne sait pas trop pourquoi »*, prévient Jules-Édouard Moustic, le présentateur de *Groland*". Le ton humoristique est donné ! Pour l'occasion, une fausse publicité vantant les mérites de l'*English Street Institute*", est créée, David y est moqué pour son mauvais accent. On peut y voir David Feta devant une foule en délire, affublé d'une perruque blonde, présentant ses nouveaux titres : *My Father is a Farmer*, *The Blue Dress is Cheap*, *I Speak Like a Spanish Cow* et *John is Reading a Book in Picture One*. Dans cette ambiance surexcitée, il ne faut pas oublier le titre phare de David Feta, une chanson electro, « assassinée » par une star mondiale : Rilletta ! Devant un public en folie, David Feta et Rilletta interprètent leur hit *Irregular verbs*, malgré l'élocution déplorable de la chanteuse. Le présentateur conclut de façon explicite : *« C'est une belle grosse merde… »*

Cela n'entache en rien la réputation du DJ, qui continue sa route vers le succès. En 2015, David est l'une des têtes d'affiche du festival le plus populaire au monde, Coachella, qui se déroule au sud de la Californie du 11 au 18 avril. Comme d'habitude, David a fait fondre son public. Une fois de plus, il a assuré, même s'il a confié au site de musique électronique *Beatport* avoir vécu « *quelque chose de fou* » lors de ce week-end. Et pour cause !

Un incident est intervenu quelques minutes avant qu'il monte sur scène : « *J'utilise Rekordbox et Pioneer pour jouer, et juste avant que je sauvegarde ma playlist sur ma carte SD, mon ordi a planté.* [...] *J'ai dû mettre toute ma musique dans le désordre sur des clefs USB à la dernière seconde et la jouer vraiment à l'ancienne, en faisant défiler ma liste pour chercher quel morceau je jouerai ensuite.* » Dans cette tourmente, un autre élément vient le contrarier : « *Au dernier moment, Fergie a décidé de venir. J'étais en panique : je n'avais plus* I Gotta Feeling *parce que je ne la joue plus !* [...] *J'ai appelé mon manager qui est allé la télécharger sur iTunes. C'était complètement taré, mais j'ai adoré.* »

De son côté *Hey Mama* cartonne, dépasse le million d'exemplaires vendus dans le monde. Le public, lui, pariait sur *No Money No Love* coproduit avec Showtek, mais ce sera finalement *Hey Mama* qui sera le sixième single, interprété par la sulfureuse Nicki Minaj.

« *Hey Mama est un vrai titre urbain, mais il est produit d'une manière très électronique,* explique David

Guetta. *Ce n'est pas du hip-hop traditionnel ni de la dance conventionnelle. C'est un morceau plutôt hybride, en fait. Et je peux te dire qu'aux États-Unis, les radios se sont ouvert les veines quand elles l'ont découvert*[1]. »

C'est incontestable, les radios aiment Guetta et ne cessent de le plébisciter, comme en témoigne Greg, animateur de Fun Radio : « *La première fois que j'ai passé David Guetta à la radio, c'était le titre* Love, Don't Let Me Go, *en 2002. Entre 2005 et 2007, je suis allé travailler à Lyon pour Radio Scoop. À l'époque, le titre de David qui cartonnait était* Love Is Gone. [...] *Au départ, David Guetta est pour moi un artiste mystère. Quand il sort son album en 2002, il y a une confusion chez le grand public qui croit que David Guetta en est le chanteur ! Le succès de David est exceptionnel, déjà à l'époque. Mais avec son troisième album,* One Love, *il réalise le rêve de tout artiste et même de tout un chacun : ne partir de rien et conquérir le monde. Son succès en tant que producteur, obtenu grâce à une reconversion, est un modèle de réussite pour la société d'aujourd'hui, qui se retrouve en lui. David a popularisé la musique dance, il l'a réconciliée avec le grand public.* [...] *Sa musique est accessible à tous, c'est un mélange de dance et de pop sur des thèmes positifs. Sa marque F*** Me I'm Famous a*

1. *Djmag.fr*, novembre-décembre 2014.

aussi une certaine crédibilité auprès d'un public spécialisé. Les disques de David Guetta ont réuni DJ, producteurs et musiciens dans la même catégorie, même si David n'est pas toujours le compositeur de ces morceaux. Le vrai tournant dans la musique de David Guetta, c'est One Love. *La première fois que je l'ai entendu, je pensais écouter du Coldplay, il a réuni sur ce titre une mélodie assez évoluée pour un titre dance, et une chanteuse qui avait déjà une notoriété. Beaucoup de DJ producteurs travaillent comme ça aujourd'hui. C'est évident que son succès va durer, la marque David Guetta est au top, il est considéré comme un maître de cérémonie qui réussit toujours à ambiancer ses soirées. Il a un côté branché, tout en faisant de la musique simple, presque de la variété d'aujourd'hui, et il a déjà prouvé qu'il pouvait se reconvertir.* […] *S'il calme un peu ses activités de DJ, ce sera un choix de sa part. Avec ce qu'a réalisé David Guetta, aujourd'hui toutes les portes de cette société aux codes de plus en plus dictés par le marketing lui sont ouvertes. Qui dit qu'il ne sera pas ministre de la Culture dans quinze ans ?* […] *J'ai déjà croisé David, je trouve que c'est un garçon simple, un mec popu, loin de l'image paillettes des DJ.* […] *Un titre de David Guetta est toujours une valeur sûre pour notre radio. Les gens identifient tout de suite sa musique, souvent des guitares synthétiques qui lui sont propres, ou la signature vocale particulière de Chris Willis. Les mélodies, parfois jugées trop élémentaires, rendent tout le monde accro.* […] *Les auditeurs demandent souvent des titres de David Guetta, c'est sûrement l'artiste dance préféré des Français, les gens se sentent proches de lui. Même s'il arrête tout du jour au lendemain, il sera toujours réclamé !* […] *La carrière de David est pour moi forcément légitime, il a fourni un travail énorme pour passer du DJ organisateur de soirées à l'artiste reconnu. Aidé par sa femme et par des producteurs de talent, il a suscité de nombreuses vocations. Il a apporté beaucoup à la musique dance, il l'a démocratisée, je dirais même qu'il a contribué à effacer le complexe d'infériorité dont pouvaient souffrir certains DJ. Aujourd'hui, tous ceux qui font danser les gens veulent aussi devenir artistes, musiciens, compositeurs, et cela se ressent dans la qualité et la quantité de projets dance qui émergent et contribuent au succès de Fun Radio.* […] *"Continue comme ça, David, j'espère qu'un jour on fera un film sur ta carrière – pas un truc chiant, mais un film qui claque !"* »

David, l'extravagant !

Voilà que notre cher David est accusé par un producteur, nommé Andre Dudek, d'avoir utilisé sans son accord des extraits de son titre *Illuminations*, datant des années 1980, pour *Dangerous*.

Le site *thejasminebrand* révèle par ailleurs qu'Andre Dudek a déposé plainte pour violation de droits d'auteur à l'encontre de David Guetta, du chanteur Sam Martin et des deux maisons de disques Warner Music et Atlantic Records. Il demande également que le titre *Dangerous* ne soit plus distribué et estime le préjudice subi à 6 millions de dollars.

Si le single *Dangerous* est disponible depuis octobre 2014, le copyright pour *Illuminations* aurait quant à lui été créé après la diffusion de la chanson de Guetta, en 2015. Il n'est pas encore possible de comparer les deux morceaux, *Illuminations* n'est pas disponible sur Internet. Difficile donc de savoir si le plagiat est perceptible à l'oreille et d'imaginer quelles suites seront données à cette affaire.

En juillet 2015 une nouvelle polémique va ternir l'image de David. Les faits datent du mois de mai, lorsque David, DJ résident de la discothèque Le Pacha, à Ibiza, inaugure la saison avec la première soirée F*** Me I'm Famous devant une foule survoltée.

Parce que la nuit est dédiée à la culture amérindienne, David fait entrer dans sa boite de nuit un cheval monté par un homme déguisé en Sitting Bull, histoire de symboliser les Indiens d'Amérique. Souhaitait-il créer ainsi davantage de fantasmagories ?

La séquence n'a pas fait l'unanimité, loin s'en faut. Après avoir visionné une vidéo postée sur YouTube, le DJ deadmau5 a aussitôt dénoncé la pratique sur son compte Twitter : *« Je suis certain que le cheval a beaucoup apprécié, bande de cons. Merde à @davidguetta et merde au @pacha* [...] *Non, mais sérieusement... Les chevaux ont leur place dans une ferme. Pas dans un club de merde avec un DJ trop payé. »*

Les défenseurs de la cause animale, tout aussi révoltés, ont lancé une pétition contre David Guetta afin qu'il ne loue plus d'animaux pour ses soirées. Cette pétition, qui a récolté près de 10 000 signatures, précise que *« le cheval est arrivé à 4 heures du matin dans la salle du Pacha où de nombreuses personnes ivres et droguées faisaient la fête en criant. Si le bruit et l'odeur de transpiration sont insupportables pour la plupart des gens, ça l'est encore plus pour un animal. »* D'après le créateur de cette pétition, *« le cheval était extrêmement stressé »*. Un témoin ajoute : *« Même si le propriétaire affirme que le cheval est formé pour faire des spectacles et s'il portait des bouchons d'oreilles. »* L'initiative a été critiquée âprement sur les réseaux sociaux. Le porte-parole de David Guetta a expliqué dans le *New York Post* : *« Le cheval, appartenant à un vétérinaire, n'a fait qu'une apparition de trois minutes, avec toutes les protections auditives nécessaires et de la sécurité autour de lui. »*

Finalement, les défenseurs de la cause animale semblent avoir eu gain de cause puisque David Guetta a promis de ne plus utiliser d'animaux lors de ses shows.

David Jay : « Il n'est pas du genre à se la jouer star. »

« Je suis DJ depuis 2006 ; pendant mon parcours, j'ai eu l'occasion de mixer avec des très grands DJ, tels que Tiësto ou Erick Morillo, David Vendetta, Alex Gaudino, Bodyrox, Global DJ, Martin Solveig, Funkagenda, Jaydee, et bien sûr… David Guetta. […] Je l'ai rencontré lors de sa première soirée à l'île Maurice. Nous avons été présentés parce que j'étais le DJ faisant sa première partie, et entre nous le feeling est bien passé. Il m'a mis en confiance, il a été très sympa et on a parlé de choses et d'autres. […] En tant que DJ, David Guetta constitue une référence dans le monde du DJing, par la façon qu'il a de communiquer avec le public. Il a toujours les yeux levés vers eux, toujours un sourire, il montre qu'il est content d'être là. Et le public partage aussi ce plaisir. […] C'est un honneur de l'avoir rencontré, parce c'est une superstar. […] Et je réalise que tout le monde n'a pas la chance d'avoir rencontré l'une de ses idoles dans le monde DJ. […] À la télévision, David Guetta paraît tellement simple et accessible ! […] Quand je l'ai rencontré, ça a été le cas. Il n'est pas du genre à se la jouer star. Il est très sympathique. Il a fait se rencontrer deux styles de musique que tout oppose, la house et le R'n'B. Mais il a su savamment les mélanger. Je trouve même que c'est un nouveau genre qui ne peut être classé. […] On se retrouve souvent dans des situations où l'on a un public varié qui aime la house, et qui n'aime pas forcé-

ment le R'n'B, ou l'inverse. David Guetta, en mélangeant ces deux genres de musique, a su réunir leur essence et leurs racines, prenant le bon côté des deux styles. Du coup, on se retrouve avec des générations différentes qui dansent sur ses morceaux. [...] C'est là qu'on réalise qu'il a su accomplir quelque chose d'impensable en tant que DJ-producteur. Ils sont très peu nombreux à être capables de réaliser un tel exploit. [...] J'ai eu l'occasion de mixer à deux reprises alors que je faisais son warm-up juste avant qu'il n'arrive. D'abord lors de la première "grosse soirée" avec un DJ international. [...] Elle ne se tenait pas dans un club. J'ai joué pendant deux heures devant 4 000 personnes avant que David Guetta ne prenne les platines. Pendant ces deux heures, je me suis donné à fond, pour faire monter la foule. Quand il est apparu, il y a eu une poussée d'adrénaline. Il a commencé à mixer, c'était parfait ; il jouait avec le public, le faisant reprendre toutes ses chansons d'une seule voix. Les gens qui y ont assisté s'en souviennent encore. [...] La deuxième soirée, ce fut encore plus grand, du jamais vu sur l'île Maurice, où s'étaient déplacées 12 000 personnes. C'est la première fois qu'un DJ réunissait autant de monde au même endroit. C'était un honneur de partager la scène avec David Guetta qui, de plus, ce soir-là, était venu avec une surprise : Joey Star. [...] Petite anecdote : le fait que la connexion des équipements n'était pas faite selon son habitude l'avait un peu dérangé.

Mais quand il s'est tourné vers le public, il n'a rien montré. [...] *Je pense que ce n'est pas seulement le but d'un DJ d'arriver au même succès que David, mais le but de chaque artiste faisant de la musique. De plus, David Guetta a la chance de travailler avec les plus grands de la scène internationale, et tous se l'arrachent.* [...] *Tout le monde voudrait faire de telles productions de musique qui accrochent, mais il y a très peu d'élus.* [...] *J'aurais adoré mener un projet avec lui, connaissant la "touche" qu'il a sur la musique, tout en amenant la mienne, forcément différente, vu que je viens des îles.* [...] *David est à la fois un DJ et un producteur. Je dirais que l'un ne va pas sans l'autre à ce jour. Pour durer en tant que DJ, il faudrait qu'il continue à nous produire des tubes monstres et à nous proposer des musiques plus poussées sur la scène house. Pour continuer à faire autant de bonnes musiques, il doit continuer à jouer, à écouter son public et observer ses réactions.* [...] *Le public de l'île Maurice adore David Guetta : 12 000 personnes à sa soirée. Je pense que s'il revenait aujourd'hui, il y aurait encore plus de monde.* [...] *Sa carrière est tout à fait légitime, il n'a pas fait d'erreur, a toujours su la gérer. Mais comme dit le dicton, "derrière le succès de chaque homme, il y a une femme", et Cathy y est pour quelque chose. Il ne s'agit pas simplement de créer de la musique, il faut aussi savoir la vendre. Le duo que David Guetta formait avec elle fut formidable. On sentait l'harmonie qui régnait entre eux. En cela aussi, ils sont une référence, et puis cela fait taire les gens qui disent qu'un DJ ne peut pas avoir de vie de couple !* [...] *J'ai envie de lui dire qu'on lui est tous reconnaissants pour toutes ces choses qu'il a accomplies et qui laissent pas mal de gens rêveurs. D'autant que bien qu'il soit une star internationale, il a su rester simple.* [...] *Le mot de la fin : On l'attend pour très bientôt à l'île Maurice, et moi, j'attends impatiemment de pouvoir à nouveau mixer à son côté.* »

Si t'es fier d'être David Guetta, tape dans tes mains

Après leur très rock *Ain't a Party*, le duo néerlandais Glowinthedark s'affiche de nouveau aux côtés de David Guetta. Avec *Clap Your Hands*, un morceau inédit, taillé pour le dancefloor et calibré pour prolonger l'été. Les trois producteurs se connaissent bien, car ils ont déjà signé ensemble l'hymne des clubs, *Ain't a Party*, en 2013.

Clap Your Hands a été joué à l'Ultra Music Festival, de Miami, pour la première fois fin mars ; il fut aussi l'un des moments forts du set de la star française sur la *main stage* du festival de TomorrowWorld, en Géorgie.

Ce n'est pas un titre inconnu du grand public puisqu'il nous rappelle des souvenirs d'enfant. En effet, il revisite à la sauce EDM (electronic dance music) une célèbre comptine, fredonnée par des générations de bambins depuis le siècle dernier : *If you're happy and you know it, clap your hands* ;

soit dans la belle langue de Molière : Si t'es heureux et si tu le sais, tape dans tes mains. Cette version fera couler beaucoup d'encre.

En cette fin d'année 2015, *Q Magazine* a eu la bonne idée de demander à David Guetta une liste des chansons qu'il adore, mais qu'il ne peut malheureusement pas jouer. Dans sa playlist personnelle on trouve *Imagine*, de John Lennon : « *Je travaille avec l'Unicef depuis plusieurs années maintenant et j'ai eu l'honneur de participer à un clip rassemblant des artistes comme Will.i.am, Katy Perry ou Idris Elba* », confie David.

13 novembre 2015. Paris est le théâtre des attentats terroristes, revendiqués par l'État islamique. David compatit : « *Je suis bouleversé et triste ; toutes mes pensées vont aux victimes, à leurs familles et à tous ceux qui ont été affectés par ces attaques.* [...] *J'ai travaillé longtemps au Bataclan. Je faisais les jeudis, vendredis et samedis, toute la nuit, des shows qui duraient six ou sept heures.* [...] *Ça m'a touché, comme la plupart des gens dans le monde, en fait.* [...] *J'ai reçu de nombreux messages de sympathie de beaucoup de gens. Les Américains ont, évidemment, associé ce drame à ce qu'ils ont vécu le 11 septembre 2001*[1]. »

---

1. *Sortez du cadre*, Nikos Aliagas, Europe 1, décembre 2015.

XIV

L'EURO 2016

Un retour dans le passé

David Guetta symbolise aujourd'hui le succès absolu. Grâce à lui, le métier de disc-jockey est enfin reconnu. Il a su avec brio et intelligence offrir une trajectoire nouvelle à ce monde encore inconnu du grand public il y a quelques années. À l'époque, les DJ stars n'existaient pas. Qui aurait cru qu'ils deviendraient un jour de véritables références ?

Dans les années 1980-1990, seuls les chanteurs avaient rang de vedette.

Retour vers trois artistes d'alors qui donnent leurs visions sur David Guetta :

Pour Jean-Jacques Lafon, auteur-compositeur, connu pour son tube de l'année 1985, *Le Géant de papier*, mais aussi compositeur du succès *Viens boire un p'tit coup à la maison*, interprété par Licence V, David Guetta est un artiste exceptionnel et hors du commun : « *C'est un géant de la musique. Il a rendu commerciale et populaire la musique électronique dans le monde entier… Tous les plus grands artistes de la planète souhaitent collaborer avec lui… C'est incroyable, pour un artiste français. Je suis fier de sa réussite et fier de son parcours. C'est le rêve de tout compositeur et auteur de faire un tube planétaire… comme a su le faire Claude François avec* Comme d'habitude, *devenu* My Way, *et qui est aujourd'hui la chanson la plus jouée et la plus reprise dans le monde entier. David Guetta fait partie des artistes comme Claude François, Édith Piaf… Son nom et ses chansons resteront gravés dans la mémoire de chacun. Il fait partie du patrimoine français et nous devons en être fiers.* »

La chanteuse des années 1990, Indra se souvient également : « *Je sortais souvent aux Bains, c'était mon lieu de prédilection. J'y ai donc rencontré plusieurs fois David Guetta et Cathy qui, elle, travaillait aux vestiaires. David a vraiment son style, j'aime beaucoup le titre qu'il a créé avec Rihanna. Je ne l'écoute pas tous les jours, mais j'aime ce qu'il fait.* »

Pour le chanteur François Valéry « *David Guetta a un beau succès.* » : « *Je dis toujours que qui a vendu vendra, donc je pense que la carrière de David n'est pas prête de se terminer. Son succès est considérable… Je ne connais pas avec précision ce milieu, mais David donne l'ouverture à des jeunes DJ, tout comme Bob Sinclar ou Martin Solveig. Je suis vraiment content pour David, pour sa réussite… J'aime quand les personnes réussissent.* »

C'est aussi l'occasion pour Philippe Pernez, producteur au sein du label Presence Prod de s'exprimer sur David : « *David Guetta est devenu le symbole de l'electro-dance dans le monde. Les puristes de l'electro diront qu'il fait du commercial, mais le but de tout créateur n'est-il pas de plaire au maximum de personnes ? J'aimerais le rencontrer, pour savoir comment il vit la notoriété qu'il a aujourd'hui, quelles sont ses motivations actuelles après avoir déjà travaillé avec les plus grands artistes internationaux, comment il trouve ses inspirations, comment il travaille en studio.* […] *Je pense que sa musique parle à un maximum de personnes, adeptes ou non des sons electro, et c'est là son talent. Elle est efficace, mélodieuse, bien construite avec des breaks bien placés ; il sait ce qu'attendent les gens d'un titre dance.* […] *Les vocaux sont toujours bien choisis et bien associés entre eux. C'est vraiment du bon travail.* […] *J'aimerai travailler avec lui, mais bon, la question est plutôt : "Voudra-t-il travailler avec nous ?"* […] *Tant que l'electro aura le vent en poupe, je ne vois pas comment cela pourrait s'arrêter. Il prend tellement de soin à ce que chacun de ses titres soit d'une efficacité redoutable qu'il va continuer à faire danser les gens dans les boîtes du monde entier !* […] *Mon message pour David : Je le féliciterai pour l'évolution apportée à la musique electro, et pour avoir amené les Américains vers ce type de musique. Et aussi pour être devenu l'artiste français qui vend le plus dans le monde. C'est toujours appréciable d'avoir de la musique d'origine française qui soit respectée ; finalement, il apporte beaucoup à l'image de la France au niveau international.* [...] *Sa carrière est légitime, son succès, il ne l'a volé à personne, il a su faire ce que personne n'avait osé. Il a réussi à associer son talent artistique avec son ambition, et ça a marché pour lui, tant mieux !* [...] *J'aimerai avoir David Guetta au sein de notre catalogue éditorial.* [...]*Collaborer avec lui ? Pourquoi pas, en musique il ne faut jamais se fixer de limites !* »

L'Euro 2016

L'Euro 2016 se déroule en France du 10 juin au 10 juillet 2016. Un événement suivi par les fans de football du monde entier, l'occasion de s'enivrer pendant cinquante et un matchs, répartis dans dix stades, à Paris, Saint-Denis, Bordeaux, Lille, Nice ou Marseille. À cette occasion, un hymne a été créé, et c'est David Guetta qui a eu la lourde charge de faire danser la planète !

Dans une vidéo postée sur la page Facebook de l'UEFA, David annonce : « *Salut c'est David Guetta et j'ai une grande nouvelle à vous annoncer* ». Il révèle alors en exclusivité un premier extrait de son titre *This One's For You.*

David a demandé aux internautes via une application de poser leur voix sur sa composition : « *Je veux que la musique officielle de l'UEFA Euro 2016 soit spéciale et unique. Mais j'ai besoin de votre aide. Je vous offre la chance d'enregistrer avec moi et de faire partie de cette musique.* »

Un million de personnes ont répondu. David Guetta s'en est étonné sur le site de l'UEFA : « *Je remercie mille fois tous ceux qui ont participé. C'est une collaboration unique. Je voulais créer quelque chose de spécial et placer les supporters au cœur de l'hymne de l'Euro 2016. Lorsque j'ai fait appel à un million de fans de musique et de football pour enregistrer avec moi, je n'imaginais pas que tant de personnes allaient répondre. Le soutien venant des quatre coins du monde est juste incroyable. Il ne me reste plus qu'à finir le morceau*[1]. »

Dans le clip officiel de l'Euro 2016, on peut voir plusieurs célébrités du ballon rond, notamment Zinédine Zidane, David Trezeguet ou encore la star de la Ligue 1, Zlatan Ibrahimovic.

This One's For You sort en mai 2016.

1. « David Guetta mixera un million de voix pour l'hymne officiel de l'Euro 2016 », *20minutes.fr*, 28 avril 2016.

Côté cœur, David vit avec la magnifique Cubaine de vingt-deux ans, Jessica Ledon. Il a officialisé leur relation le 1er février 2016 sur le perron de l'Élysée, lors du dîner donné en l'honneur du président Raul Castro. Cette jeune femme, originaire de La Havane, a étudié à la Coral Park High School de Miami, et se partage entre la Floride et Los Angeles. Elle est mannequin (représentée par l'agence Talent Direct), également actrice. Il semble que David et Jessica aient été amis pendant deux ans avant de tomber amoureux.

David Guetta file droit vers une nouvelle vie… Le roi des DJ a encore de très belles années devant lui avant de conquérir l'univers entier… et devenir le DJ numéro un des extraterrestres. Qui sait ?

Le célèbre chanteur Sean Paul signe en hommage à David : « *Je pense que David a fait beaucoup pour relier la pop et l'electro. Ce qu'il a fait par ses différentes collaborations a permis de créer une nouvelle culture dancefloor.* »

POSTFACE DE JAY STYLE[1]

La première fois que j'ai rencontré David Guetta, c'était au Palace, en 1995, où il était DJ. Sa femme s'occupait des soirées et à cette époque, quand on parlait de lui, c'était « le mari de… »

Aujourd'hui, cela a bien changé. Nous avions échangé quelques mots, mais rien d'extraordinaire – pas sûr qu'il s'en souvienne !

Et avec le temps et la réussite, sa façon de me parler n'a pas changé. Il est toujours aussi simple, avenant et respectueux.

En tant que DJ, c'est une réussite dont nous rêvons tous !

Il part de la résidence, monte des soirées, joue sur tous les continents, fait de la production, ses titres sont joués par les DJ français, puis par tous les autres. Il est aussi sollicité

1. Disc-jockey, producteur sur *NRJ Extravadance*, tous les samedis, de 21 heures à minuit. L'émission est numéro 1 en France avec une moyenne de 900 000 auditeurs.

par les artistes du monde entier, qu'ils soient rappeurs, rockers…

Mais tout cela est le résultat d'années de travail, de rigueur et de persévérance, malgré les moments de doute. Le seul secret de tout homme sur terre, c'est le travail.

Le fait de pouvoir le rencontrer, à l'époque, ne représentait pas grand-chose, juste un DJ qui bossait dans la boîte où il fallait être. Aujourd'hui, forcément, mon regard est différent de celui d'un jeune DJ qui le croise pour la première fois. Mais je suis toujours très heureux de voir que, malgré ce succès phénoménal, le contact reste le même. David est toujours aussi émerveillé par sa réussite. Je pense que, comme tout DJ, il voulait pouvoir vivre de son travail et connaître un succès dans le milieu.

Mais je ne crois pas qu'il ait imaginé un seul instant devenir la star qu'il est aujourd'hui. Ce serait intéressant de lui poser la question : pourquoi avoir fait tout ça, pour quelle motivation ?

Je suis sûr qu'il répondrait que c'est pour le plaisir de donner de l'amour aux gens à travers la musique, restant convaincu que faire les choses pour être connu, ça ne marche pas.

Concernant sa musique, à ses débuts je n'étais pas fan de tout, mais depuis quelques années, il n'y a rien à redire. Il a réussi à mélanger les genres et surtout à intéresser des stars du hip-hop et du R'n'B américain tels Akon, Snoop Dogg ou encore les Black Eyed Peas, en les poussant à collaborer sur de la musique electro.

Il a également permis à Madonna d'être rediffusée en club, avec *Revolver* (*One Love Remix* feat. Lil Wayne). Il a mis en avant des chanteurs qu'on ne connaissait pas, comme Chris Willis, et nous a fait redécouvrir des chanteuses qui stagnaient pour en faire des incontournables en club, telle Kelly Rowland. Même ses trop rares remix sont des bombes, dans un autre style que ses propres titres, mais très efficaces.

J'ai quelquefois mixé avec lui, aux Bains Douches en particulier, mais c'était pour des soirées dont les stars étaient les marques pour lesquelles je travaillais. La plus belle expérience, c'était il y a trois ans, au LC Club à Nantes. Je rentrais du Mexique où j'avais fait quelques dates. À mon arrivée en France, m'attend Wilfrid Debaise, qui m'annonce que je dois venir avec lui faire la première partie de David. 5 000 personnes, acquises à sa cause, étaient présentes ce soir-là. Trois choses m'ont alors marqué. D'abord, avec Wilfrid nous avons la même philosophie : quand quelqu'un vient voir un artiste, il faut qu'il s'amuse du début à la fin. J'ai joué deux heures et j'ai tout donné, tout en respectant la programmation de David, ce qui veut dire que je n'ai pas joué un seul de ses titres ni les gros morceaux du moment.

Certains DJ le prennent super mal quand la première partie est forte. Ce soir-là, l'un d'eux est venu me dire : « Mais calme toi ! »

David, lui, ne m'a rien dit, pas un reproche, il était serein sur le set qu'il allait effectuer. Et puis ce soir-là, il y avait tellement de monde qu'ils avaient mis une tente à l'extérieur avec un écran géant, on y voyait David faire son set. Eh bien, la tente était pleine à craquer. Tous ceux qui étaient présents avaient leur portable ou appareil photo, et photographiaient non pas David, mais son image sur la toile. C'est dingue ! Pour info, ce soir-là, il devait jouer deux heures, il a pris les platines à 1 h 30 du matin, il les a lâchées à 5 heures… Respect !

Un mois plus tard, on se croise pour le concours de la Fun DJ Selection, et il s'avance vers moi : « Bravo pour la soirée du LC Club, j'ai beaucoup aimé ce que tu as fait, surtout quand tu as joué ça et ça… » Rares sont les DJ qui t'écoutent et, surtout, qui viennent te dire ce qu'ils en pensent… Quoique parfois, ils viennent te voir pour te dire qu'ils ne sont pas contents, mais jamais pour te complimenter sur ta bonne prestation.

Mon but est-il d'arriver au même niveau que David Guetta ?

Ce n'est pas vraiment comme ça que je le formulerais. Mon but est avant tout de pouvoir jouer ma musique partout, voir les gens danser, les entendre chanter mes titres.

Lorsqu'on me demande si j'aimerais travailler avec David sur un projet musical, et pourquoi pas une production David Guetta vs Jay Style, je réponds : « Oui, bien sûr, mais je le verrais plutôt en Jay Style vs David Guetta. » (Je plaisante !)

Je ne sais pas si son succès en tant que DJ va durer, je n'ai pas le pouvoir de connaître l'avenir. Surtout que tout va tellement vite ! Mais s'il continue de travailler comme il le fait, je ne vois pas ce qui empêcherait la poursuite de sa réussite. Une des difficultés dans la musique, c'est qu'il faut être capable d'évoluer, surtout quand on a connu le succès, on a tendance à refaire, musicalement parlant, les mêmes choses. Écoutez ce qu'il fait, ne serait-ce que ces deux dernières années, c'est tellement varié qu'on peut imaginer qu'il aura toujours le flair pour sentir ce qu'il doit proposer au public…

Et moi, je suis impatient d'écouter et de suivre son évolution musicale.

Si j'avais un message pour lui, je lui dirais : « Merci ! Grâce à ton travail et à ta réussite, tu as ouvert une porte qui depuis trop longtemps restait fermée. Nous n'étions pas considérés comme des artistes, car nous jouons la musique des autres, mais c'est en train de changer. » Plus personnellement, j'ai la chance de donner des cours à des jeunes DJ, et je note également un changement dans le regard de leurs parents et des parents de leurs petites amies. Ça peut paraître hors de propos, mais croyez-moi, ce n'est pas facile de supporter le regard et les sous-entendus du père qui s'inquiète pour sa fille. Et puis, je lui dirais : « Alors ? On le fait, ce titre ensemble ? »

REPÈRES BIOGRAPHIQUES

1967

Le 7 novembre, naissance de David Pierre Guetta, à Boulogne-Billancourt.

Il est le fils de Pierre et Monique Guetta.

1984

Débuts en tant que disc-jockey dans des boîtes de nuit parisiennes telles que *Le Broad.*

1990

David prend, avec son ami Kien, la direction artistique du nouveau club *Folie's Pigalle.* Cette même année sort le premier 45 tours de David Guetta avec Sidney, *Nation Rap*, sous le label Island.

1991

Le 8 janvier, première apparition à la télévision, dans l'émission *La Classe*, diffusée sur France 3.

1992

Mariage de David Guetta et Catherine (Cathy) Lobé.

1993

David devient directeur artistique de la discothèque le Queen, à Paris.

1994

David et Kien transforment, chaque week-end, la salle de concert du Bataclan en club branché. Son épouse Cathy et son ami Franck Maillot font partie de l'équipe.

Sortie du deuxième 45 tours de David, *Up and Away* (David Guetta feat. Robert Owens) sous le label Dance Pool.

1995

David arrête la direction artistique du Queen et reprend Le Palace.

1997

David et Cathy Guetta deviennent les directeurs artistiques de la célèbre boîte de nuit Les Bains Douches.

2001

Le 10 avril, David crée, avec Joachim Garraud et Jean-Charles Carré, sa boîte de production Gum Prod.

Le 14 juillet, le troisième single de David voit le jour sous le nom de *Just a Little More Love*, interprété par Chris Willis sous le label Virgin Music.

David et Cathy achètent un restaurant appelé Le Tanjia, au 23, rue de Ponthieu, dans le 8e arrondissement de Paris.

2002

Création des soirées F*** Me I'm Famous.

Le 25 février, le second single, *Love, Don't Let Me Go*, extrait de l'album *Just a Little More Love* voit le jour.

Le 30 avril, David crée sa boîte de booking, Guetta Events.

Le 13 juin, sortie de l'album *Just a Little More Love.*

12 juillet, sortie du single *People Come, People Go,* extrait de *Just a Little More Love.*

Le 6 octobre, sortie du single *Give Me Something.*

Cette année 2002, Cathy et David Guetta créent le Pink Paradise, une boîte de nuit branchée.

2003

Ouverture du bar et restaurant Le Sweet Bar, dirigé par le couple.

Le 16 octobre, sortie de l'album *F*** Me I'm Famous.*

Le 17 novembre, sortie du single *Heroes.*

Organisation de deux soirées F*** Me I'm Famous, à Ibiza.

2004

Le 9 février, naissance de Tim Elvis, premier enfant de David et Cathy.

Le 31 mai, sortie du premier single, *Money*, extrait de l'album *Guetta Blaster.*

Le 10 juin, *Guetta Blaster* sort dans les bacs.

Le 21 septembre, sortie du single *Stay.*

Le 22 novembre, sortie du single *The World is Mine*, en collaboration avec le chanteur JD Davis.

Cette année-là, Cathy et David revendent la discothèque le Pink Paradise.

2005

Création du label F*** Me I'm Famous Records, par David Guetta et Joachim Garraud.

Le 8 août, sortie du second volume de la compilation *F*** Me I'm Famous*.

Le 17 novembre, David obtient plusieurs prix au House Music Awards.

Cette année 2005, cinq soirées F*** Me I'm Famous sont organisées à Paris, Londres, Ibiza, Barcelone et New York.

2006

Le 22 juin, sortie de la troisième compilation de *F*** Me I'm Famous*, qui devient disque d'or en deux mois.

Le 18 août, sortie du single *Love Don't Let Me Go*.

Du 28 au 31 août, la chanteuse Madonna choisit David pour assurer sa première partie du spectacle *Confessions Tour*, à Paris.

2007

Le 23 avril, sortie du single *Love Is Gone*, extrait de l'album *Pop Life*.

Le 18 juin, sortie du troisième album de David, *Pop Life*.

Le 23 septembre, naissance d'Angie, le deuxième enfant de David et Cathy.

Le 24 octobre, aux DJ Awards, David est élu « meilleur DJ house ».

Le 16 octobre, David remporte le prix du « Best DJ Single », au Burn FG DJ Awards.

Le 4 novembre, David est élu « meilleur DJ » aux World Music Awards.

Le 10 novembre, sortie du single de David intitulé *Baby, when the Light*, extrait de l'album *Pop life*, en collaboration avec la chanteuse Cozi Costi.

2008

Le 2 mars, David sort son single *Delirious*, en featuring avec la chanteuse Tara McDonald. Cette chanson est extraite de *Pop Life*.

Le 9 juin, sortie de la quatrième compilation *F*** Me I'm Famous*.

Le 27 juin, on trouve dans les bacs le single de David, *Tomorrow Can Wait*, toujours extrait de *Pop Life*.

Le 6 juillet, le dernier single de ce même album, *Everytime we Touch*, est commercialisé.

Le 25 septembre, lors de la onzième édition des DJ Awards, David est élu « meilleur DJ house ».

2009

Le 14 mars, David reçoit, avec Fred Rister, le « grand prix Sacem à l'étranger », en tant qu'auteur de gros succès mondiaux.

Le 21 avril, il sort *When Love Takes Over*, avec Kelly Rowland.

Le 15 juin, sortie de la cinquième compilation *F*** Me I'm Famous.*

Le 16 juin, le deuxième single du groupe Black Eyed Peas, *I Gotta Feeling*, sort dans les bacs, il est produit par David et Fred Rister.

Le 14 juillet, David sort dans le monde entier son single *Sexy Bitch*, interprété par le chanteur Akon.

Le 11 août, sortie du single *Grrrr*, extrait de la compilation *F*** Me I'm Famous Ibiza mix 2009.*

Le 14 août, sortie du single *One Love*, en featuring avec Estelle, extrait de l'album *One Love.*

Le 24 août, sortie de *One Love.*

Octobre, sortie du jeu vidéo *DJ Hero*. David Guetta est choisi pour être l'effigie de ce jeu en Europe.

Le 7 décembre, sortie du single *Revolver*, de Madonna par David Guetta.

2010

Le 23 janvier, David remporte aux NRJ Music Awards le « prix de l'Album international » pour *One Love.*

Le 30 janvier, aux Grammy Awards à Los Angeles, David et Fred Rister reçoivent le prix du « meilleur enregistrement dance de l'année », avec *When Love Takes Over.*

Le 4 février, David est élu, par FG DJ Radio, « meilleur DJ du monde ». Ce classement est établi par le vote des internautes.

Le 18 février, sortie du single *Memories*, extrait de l'album *One Love*.

Le 19 mars, à Mexico, David reçoit un disque d'or pour le succès du titre *One love*.

Le 27 mars, David reçoit cinq récompenses à la Winter Music Conference de Miami.

Le 12 avril, David, en plein succès, sort le single *Gettin' Over You*, en collaboration avec Chris Willis, LMFAO et Fergie, du groupe Black Eyed Peas.

En mai, la plateforme du site Internet de David Guetta reçoit le « Adobe Site of the Day Award ».

Le 18 mai, lors des World Music Awards, David reçoit le prix du « meilleur DJ du monde », ainsi qu'un prix spécial pour récompenser son travail en tant que producteur de musique.

Le 7 juin, sortie de la sixième compilation *F*** Me I'm Famous*.

Le 22 novembre, David lance le single *Who's that chick ?* en featuring avec Rihanna.

Le 29 novembre, sortie de l'album *One More Love*, la réédition de *One Love*.

2011

Le 22 janvier, Les NRJ Music Awards récompensent David : il reçoit le prix Hit de l'année, avec son titre *Club can't Handle Me.*

Il reçoit aussi un disque de platine pour son succès international et gagne le NRJ Music Awards d'honneur.

Le 13 février, David enchaîne les récompenses et reçoit à Los Angeles, aux Grammy Awards, le prix du « meilleur remix de l'année », avec le titre *Revolver,* de Madonna. Ce remix a été réalisé en duo avec Afrojack.

Le 1er avril, sortie du single *Sweat* (Remix de *Snoop Dogg vs David Guetta*).

Le 2 mai, David sort le premier single *Where Them Girls At*, extrait de son album *Nothing but the Beat.* On y trouve en featuring Flo Rida et la chanteuse Nicki Minaj.

Le 17 juin, sortie du septième *F*** Me I'm Famous.*

Le 27 juin, son titre *Little Bad Girl* est commercialisé. Ce titre est interprété par le chanteur Taio Cruz et le rappeur Ludacris.

Le 15 août, sortie du single promo *Lunar*, avec Afrojack.

Le 22 août, sortie de *Night of your Life*, single promo extrait de l'album *Nothing but the Beat.*

Le 26 août, sortie du cinquième album de David, *Nothing but the Beat.*

Le 27 septembre, sortie dans plusieurs pays, dont la France, du single *Without You*, extrait de *Nothing but the Beat.*

Le 20 octobre, David est élu « meilleur DJ du monde », lors de l'Amsterdam Dance Event, classement effectué via un sondage réalisé par le magazine britannique *DJ Mag*.

Le 9 décembre, le single *Titanium*, toujours extrait de *Nothing but the Beat*, sort dans les bacs.

Le 13 décembre, sortie du titre *Turn Me On*, avec la collaboration de Nicki Minaj.

2012

Le 28 janvier, lors des NRJ Music Awards, David dévoile le lancement de la bouteille collector « David Guetta feat Coca-Cola ».

Le 26 mars, sortie du single *The Alphabeat*, extrait de *Nothing but the Beat.*

Le 7 avril, David donne un concert exceptionnel à Bercy (Paris).

Le 4 mai, David lance son titre I *Can Only Imagine*, extrait du même album.

Le 2 juillet, sortie de la huitième compilation *F*** Me I'm Famous.*

En juillet, David Guetta renouvelle son contrat avec sa maison de disques EMI.

Le 7 août, David sort son premier single *She Wolf (Failing to Pieces)*, extrait de l'album *Nothing but the Beat 2.*

Le 28 août, pour fêter leurs vingt ans de mariage, David et Cathy se (re)marient sur l'île d'Ibiza.

Le 5 septembre, David sort son deuxième single *Play Hard*, en collaboration avec Ne-Yo et Akon, extrait de *Nothing but the Beat 2.*

Le 10 septembre, sortie de l'album *Nothing but the Beat 2.*

Le 5 novembre, sortie de *Just One Last Time.*

2013

David est 3e du classement des disc-jockeys les mieux payés du monde.

Le 26 septembre, David divulgue le film de sa chanson *One Voice.*

En novembre, David Guetta coécrit et produit le morceau *Fashion !* issu du quatrième album studio de Lady Gaga, *Artpop.*

2014

Le 3 février, David sort son nouveau single *Shot Me Down.*

Le 25 février, David publie sur *Beatport* un remix du morceau *Addicted To You*, d'Avicii.

Le 17 mars, sortie de *Bad*, une collaboration avec Showtek et Vassy, par le biais de la maison de disque Jack Back Records.

En mars, une rumeur annonce la rupture entre David et Cathy Guetta.

Le 15 avril, David publie son remix de *Ten Feet Tall* pour Afrojack.

En mai, David est en tête du classement des artistes les plus suivis en 2014, publié par *Sportify*.

Le 14 juin, publication du single *Blast Off* avec la participation de Kaz James.

Le 30 juin, publication d'un maxi de quatre titres de David Guetta, *Lovers on The Sun*.

En Août, annonce officielle de la séparation en David et Cathy Guetta.

Le 6 octobre, sortie de *Dangerous*, en collaboration avec Sam Martin.

En novembre, sort le vidéo-clip de *Dangerous* où apparaît l'acteur James Purefoy.

Le 24 novembre, publication du sixième album de David Guetta, *Listen*, qui grimpe à la première place des classements dans quarante-huit pays.

2015

Le 12 janvier, sort le single *What I Did for Love*, extrait de son sixième album, *Listen*.

Le 16 mars, sort *Hey Mama* en featuring avec Afrojack, Nicki Minaj et Bebe Rexha.

En mars, David joue pour la première fois, à l'Ultra Miami, le titre *Clap Your Hands*.

En avril, David est l'une des têtes d'affiche du Festival Coachella.

Le 31 juillet, David sort *Sun Goes Down* avec Magic et Sonny Wilson.

Le 30 octobre, David dévoile un remix de sa chanson *Bang My Head* featuring Sia et Fetty Wap.

Les 18 et 19 décembre, David se produit au Palais Omnisport de Bercy.

2016

Le 27 janvier, David est en concert à l'AccorHotels Arena de Bercy, à Paris.

Le 1er février, sur le perron de l'Élysée lors du dîner en l'honneur du président Raul Castro, David Guetta officialise sa relation avec Jessica Ledon.

En mai, David sort son hymne, *This One's For You*, pour l'Euro de football 2016.

Le 9 juin, David donne un concert gratuit sur le Champs-de-Mars, à Paris, en ouverture de l'Euro 2016.

REMERCIEMENTS

À vous, fans et admirateurs de David Guetta.

À Bruno Guillon pour la préface.

À Christina Guilloton.

À Jay Style pour sa disponibilité.

À Kiera Chaplin pour sa gentillesse.

À Sean Paul, Wynter Gordon, Afrojack et JD Davis.

À Philippe Laugier pour son aide et son action.

À Jean-Etienne et Antoine Baduel.

À mon épouse Lauriane qui toujours m'épaule ; et à mes enfants Pierre-Édouard, Sarah-Mary, et le petit dernier, Louis-Camille, arrivé en cours d'écriture de ce livre. Vous êtes les rayons du soleil de ma vie…

À mes parents, François et Anne-Marie, pour leur soutien.

À mes frères Patrick et Philippe.

À Marc Cerrone, Mehdy Prince, Greg, Crazy Pitcher, Pascal Maton, David Jay, Roger Nestiri, Dario, Danny Wild, Gina (Atlantic Records), Tristan Garner, Big Ali, Océane Lippmann, Wladimir Pandolfo, Guenael Geay, Alexandre Kirchhoff, Tony Alexandre, Patrice Strike, Basile Boli, Olivier Cachin, Michael Delmar, Laurent Petit Guillaume, Laurent Féry, Marc Deraff, Sidney Duteil, Alexandre Billard, Benji de la House, Jonathan Scemama, François Valéry, Indra, Mathieu Chabaud, Ludovic Rambaud, Jean-Jacques Lafon.

À Valérie Schenck et au site Internet qui réunit les anciens camarades de classe, *copainsdavant.com.*

Remerciements

Aux éditions du Moment, et plus particulièrement à Yves Derai pour sa confiance. Merci aussi à Sandra Acina, Michel Taubmann et Ludivine.

À Lenny, pour sa contribution à cet ouvrage.

Aux sociétés Atlantic Records, Barclay, Happy Music, Présence Productions, ToCo International, Universal Music et Warner Music.

Souvenir particulier à Jeanne et Marguerite.

RÉFÉRENCES

Ce livre consacré à David Guetta est issu de multiples recherches sur Internet. Voici les principaux sites consultés :

musiquemag.com ; lemonde.fr ; parismatch.com ; lexpansion.com ; unighted.fr ; radiofg.com ; daylimotion.com ; youtube.com ; univers-consoles.com ; jeuxvideo.com ; wikipedia.org ; infosjeunes.com ; infosbars.com ; tdg.ch (*Tribune de Genève*) ; JDD.fr (*Le Journal du dimanche*) ; societe.com ; davidguetta.com ; wax-music.com ; wat.tv ; infodisc.fr ; France24.com ; lematin.ch ; sobritney.com ; emimusic.fr ; lescharts.com ; staragora.com ; next.liberation.fr ; lareclame.fr ; purepeople.com ; funradio.fr ; daily-gaga.com ; owni.fr ; fmif.fr ; nrj.fr ; chartsinfrance.net ; sacem.fr ; tele-loisir.fr ; onlyfordj.fr ; discogs.com ; musiqueradio.com ; closermag.fr ; lepoint.fr ; gala.fr ; disqueenfrance.com ; musicactu.com ; lavoixdunord.fr ; jeanmarcmorandini.com ; amazon.fr ; soonnight.com ; metrofrance.com ; top-news.fr ; leparisien.

fr ; 20min.ch ; lefigaro.fr ; billboard.com ; grammy.com ; chartstats.com ; zobbel.de ; hitparade.ch ; empik.com ; metacritic.com ; bbc.co.uk ; digitalspy.co.uk ; ew.com ; guardian.co.uk ; rollingstone.com ; spin.com ; telegraph.co.uk ; usmagazine.com ; virgin.com ; allmusic.com ; rap-up.com ; itunes.apple.com ; mtv.de ; theofficialcharts.com ; swedishcharts.com ; ultratop.be ; acharts.us ; emimusic.de ; spanishcharts.com ; musicline.de ; allmusic.com ; dancemusic.about.com ; amazone.co.uk ; news.abidjan.net ; dutcharts.nl ; officialcharts.com ; irishcharts.ie ; charts.de ; ifpi.at ; swisscharts.com ; riaa.com ; top40.nl ; bip.co.uk ; viva.tv ; fimi.it ; aria.com.au ; musique.fnac.com ; clubbinghouse.com ; djmag.fr ; monacohebdo.mc ; arashderambarsh.com ; actuanews.fr ; citegay.fr ; metronews.fr ; ohmymag.com ; jukebox.fr ; darkplanneur.com ; unighted.fr ; minutebuzz.com ; gagaandlittlemonster.over-blog.com ; 20minutes.fr ; facebook.com.

Livres :

Bains de nuit, Cathy Guetta, Fayard, 2008.

David Guetta de A à Z, Pierre Pernez, Carpentier, 2012.

Magazines :

DJ Magazine ; *L'Expansion* ; *L'Express* ; *Le Parisien* ; *Monaco Hebdo* ; *Nice Matin* ; *Ouest-France* ; *Paris Match* ; *Télé 7 jours* ; *Var-Matin* ;

TV / Radio :

Europe 1, *Sortez du cadre ;* FG ; France 2, *Envoyé Spécial* ; Génération 88,2 ; MTV News ; Radio Scoop.

TABLE DES MATIÈRES

ISBN : 978-2-35417-525-2
Dépôt légal : juin 2016

Achevé d'imprimer en France
par Normandie Roto Impression s.a.s.
61250 Lonrai
N° d'impression : 1602056
Y00116/61

Cet ouvrage a été mis en page par IGS-CP
à L'Isle-d'Espagnac (16)